Der Tadel im Alten Testament

Europäische Hochschulschriften

Publications Universitaires Européennes
European University Papers

Reihe XXIII

Theologie

Série XXIII Series XXIII

Théologie
Theology

Bd./Vol. 115

PETER LANG
Frankfurt am Main · Bern · Las Vegas

Motosuke Ogushi

Der Tadel im Alten Testament

Eine formgeschichtliche Untersuchung

PETER LANG
Frankfurt am Main · Bern · Las Vegas

CIP-Kurztitelaufnahme der Deutschen Bibliothek

Ogushi, Motosuke

Der Tadel im Alten Testament: e. formgeschichtl. Unters./Motosuke Ogushi. – Frankfurt am Main, Bern, Las Vegas: Lang, [1979].
(Europäische Hochschulschriften: Reihe 23, Theologie; Bd. 115)
ISBN 3-8204-6587-1

ISBN 3-8204-6587-1

Druck: Fotokop Wilhelm Weihert KG, Darmstadt
Titelsatz: Fotosatz Aragall GmbH, Wolfsgangstraße 92, Frankfurt am Main.

INHALT

Erstes Kapitel

EINLEITUNG

1.1. Ausgangspunkt der Untersuchung

Charakteristisch für die Gotteserfahrung des Propheten Jeremia sind das lebendige Gespräch mit Jahwe und der persönliche Gehorsam gegen den Willen Jahwes, wie die Konfessionen Jeremias (1) zeigen. Auf das Problem der folgenden Untersuchung stieß ich, als ich in Jahwes Antwort auf Jeremias Klage den 'Tadel' bemerkte. Ich fand, daß das Wesen des Tadels genauer zu bestimmen sei. Warum antwortet Jahwe mit einem Tadel? Warum tröstet Jahwe Jeremia nicht, sondern tadelt ihn? Warum kann Jeremia weiter Jahwe gehorchen?

G. von Rad benutzte als erster das Wort "Tadel" als formgeschichtliche Kennzeichnung für die der leidenschaftlichen Frage Jeremias folgende Antwort Jahwes (2) - z.B. zu Jer. 15,19: Die Jahwerede ist seiner Meinung nach kein Heilsorakel, das durch den Mund eines Priesters auf das Klagegebet antwortet, sondern ein Tadel. Obwohl sich Jeremias Konfessionen an die althergebrachte kultische Gattung der Klagelieder des Einzelnen anlehnen, ist es "von großem Reiz zu sehen, wie Jeremia von Fall zu Fall die Konvention der alten kultischen Form mit seinem prophetischen Anliegen durchdrungen und verwandelt hat" (3). Besonders auffallend ist, daß Jeremia den liturgischen Ablauf verändert, und daß Jahwe nicht mit einem Heilsorakel, sondern mit einem Tadel auf die Klage Jeremias antwortet.

> Darum hat Jahwe so gesprochen:
> Wenn du umkehrst, so laß ich dich umkehren,
> und du darfst vor mir stehen.
> Und wenn du nur Edles und nichts Niedriges hervorbringst,
> dann sollst du wie mein Mund sein.
> Sie werden sich nach dir kehren, aber du wirst dich nicht
> zu ihnen kehren. (4)

---

1 Jer. 11,18-12,6; 15,10-21; 17,14-18; 18,18-23; 20,7-18.

2 G. von Rad, Theol. AT II, 209: W. Rudolph, Jeremia, 86,105, der früher als G. von Rad das Wort "Tadel" zu Jer. 12,5 und das Wort "Zurechtweisung" zu 15,19 benutzte, gebrauchte es nicht formgeschichtlich.

3 G. von Rad, a.a.O., 209.

4 Vgl. Exkurs III.

Nach G. von Rad enthält auch der Text Jer. 12, 1-5 ein Gespräch des Propheten in Frage und Antwort. Die Frage, warum die Gottlosen Glück in ihrem Leben haben, verschärft Jeremias Bedrückung und Einsamkeit. "Auch hier ist die Antwort Gottes streng:

'Wenn du mit Fußgängern läufst, und sie ermüden dich schon,
wie kannst du mit Rossen wetteifern?
Und fühlst du dich nur im friedlichen Lande sicher,
wie willst du es machen im Dickicht des Jordans?'" (1)

G. von Rad sieht in der Gegenfrage ein Niederschlagen der Frage Jeremias (2) und eine Verwunderung (3) Jahwes über Jeremias Entmutigung. Seine Darstellung der Konfessionen Jeremias können wir kurz folgendermaßen zusammenfassen: Der Anlaß zu Jahwes Tadel ist die spezifische Situation des Propheten (4), und die Voraussetzung seines Tadels ist "ein Verhältnis besonderer Intimität zu Jahwe" (5). Jeremia ist in eine schwere Krise geraten. Er kann seinen Auftrag nicht mehr bejahen, und "bei Jeremia treten Mensch und prophetischer Auftrag auseinander; ja es kommt zu schweren Spannungen, die seinen ganzen Prophetenberuf bedrohen" (6). Jahwe zielt darauf ab, die Krise Jeremias zu überwinden.

Nach G. von Rad gehen die Aussagen in den Konfessionen Jeremias über den Bereich der kultischen Konvention hinaus (7). Er bestimmt die Antwort Jahwes auf das Klagegebet Jeremias als Tadel, der nicht zu einer kultischen Gattung gehört. Über Anlaß, Voraussetzung und Ziel macht er jedoch nur Andeutungen. Nicht recht klar wird der Sitz im Leben des Tadels sowie seine spezifische Funktion, seine Redeform und sein Ziel. Diese formgeschichtlichen Fragen sind bei G. von Rad noch offen geblieben.

---

1 Jer. 12, 5. Übersetzung G. von Rad, Theol. AT II, 210.

2 "Jahwe schlägt die Frage mit einer Gegenfrage nieder." G. von Rad, ebd.

3 "In dieser Antwort liegt ein Verwundern darüber, daß der Prophet schon an solchen Schwierigkeiten zu scheitern droht, die ja noch nicht entfernt an das rühren, was er müßte tragen können." G. von Rad, ebd.

4 "Diese Konfessionen entstammen überall der spezifisch prophetischen Situation Jeremias." G. von Rad, a. a. O., 212.

5 G. von Rad, ebd.

6 G. von Rad, a. a. O., 213.

7 "Aber hier hat Jeremia den Bereich dieser Aussagen, die sich doch immer noch in einer gewissen kultischen Konvention bewegen, weit hinter sich gelassen ... (Jer. 20, 7, 9)" G. von Rad, Theol. AT II, 211.

Ich bin darauf gestoßen, daß ein Tadel Jahwes sich nicht nur in den Konfessionen Jeremias, sondern auch in anderen Texten findet. Ähnlichkeiten zwischen Jer. 12, 5, 15, 19, Hi. 38ff. und Jon. 4, 4. 9a sind oft bemerkt worden. Nach G. von Rad liegt innerhalb der Gottesreden des Hiobbuches an zwei Stellen ein Tadel vor:

"Wer ist es, der den Ratschluß verdunkelt
mit Worten ohne Erkenntnis?"(Hi. 38, 2)
"Willist du wirklich mein Recht brechen,
mich ins Unrecht setzen,
damit du Recht behältst?" (Hi. 40, 8) (1)

Wie in den genannten Jeremiatexten findet sich auch hier in der Gottesrede die Form der Gegenfrage (2). Aber auch hier schweigt G. von Rad über die nähere formgeschichtliche Bestimmung des Tadels (3).

Im Jonabuch tadelt Jahwe den Propheten, indem er seinem zornigen Boten, der sich über seine Güte ärgerte, die Frage stellt (4):

"Ist es wohl recht, daß du zornig bist?
Ist es wohl recht, daß du wegen einer Rizinusstaude zornig bist?"
(Jon. 4, 4. 9a)

Wie sind die Ähnlichkeiten dieser Texte zu erklären? Wir haben zu prüfen, ob die oben genannten Stellen als Tadel Jahwes beurteilt werden dürfen, ob gemeinsame Gattungsmerkmale und eine Übereinstimmung in Redeform, Anlaß sowie Funktion auch an anderen Texten gefunden werden können. Dabei sind Unterschiede besonders zu beachten. Eine formgeschichtliche Er-

---

1 Übersetzung G. von Rad, Weisheit, 289.

2 G. von Rad, a.a.O., 288. - Auch Kommentatoren wie P. Volz und A. Weiser bemerken die Ähnlichkeit zwischen Jer. 12, 5 und Hiob 38ff. Sie bestimmen die Antwort Jahwes als Gegenfrage. P. Volz, Jeremia, 141; A. Weiser, Jeremia, 104. A. Weiser, Hiob, 242.

3 G. von Rad verweist auf die Beziehung der naturweisheitlichen Aufzählung in Hi. 38ff. zu dem aus dem 13. Jahrhundert stammenden Papyrus Anastasi I und ihre Herkunft aus der Weisheitsschule und vergleicht Hi. 38, 12 ff. mit dem enzyklopädischen Onomastikon des Amenenope. Aber die formgeschichtliche Bestimmung der oben genannten Stellen Hi. 38, 2a und Hi. 40, 8 ist offen geblieben. Vgl. G. von Rad, Hiob XXXVIII und die altägyptische Weisheit: VTSuppl. 3 (1955) 293-301 = ThB 8 (3 1965) 262-271.

4 S.H. Blank faßt das gemeinsame Thema von Jer. 12, 5; 15, 19; 45; Hi. 38ff.; Jon. 4 als Befreiung aus einem Selbstmitleid auf, vgl. S.H. Blank, "Doest Thou Well To Be Angry?" A Study in Self-Pity: HUCA 26 (1955) 29-41. A. Weiser beurteilt diese Frage Jahwes in Jon. 4, 4 und Jer. 15, 19 als Zurechtweisung, vgl. ders., Kleine Propheten I, 226. In den Fragen Jahwes an Jona sieht auch er Gegenfragen, vgl. ebd.

forschung dieser Problematik ist noch offen. Bevor wir beginnen, müssen wir zuerst die Forschungsgeschichte darstellen, damit deutlich wird, inwieweit bisher offene Fragen bearbeitet werden sollen.

1.2. Forschungsgeschichte

Wir ordnen die Forschungsgeschichte nicht chronologisch, sondern nach vier Gesichtspunkten:

1. Von den verschiedenen möglichen formgeschichtlichen Erklärungen der Konfessionen Jeremias sind bisher nur zwei versucht worden: Die eine versteht den Tadel Jahwes von der Gattung der Klagelieder her (a), die andere aus den Gerichtsreden (b).
2. An zweiter Stelle wird die Geschichte der Erforschung des Tadels Jahwes an den anderen genannten Stellen (Hiob, Jona) stehen.
3. Wie schwer die Kommentatoren ohne formgeschichtliche Bestimmung des Tadels den Inhalt der Antwort Jahwes bestimmen können, wird in einem dritten Abschnitt gezeigt.
4. Abschließend zeigen wir Ansätze formgeschichtlicher Fragestellung.

1.2.1. Die Erforschung des Tadels in der Formgeschichte der Konfessionen Jeremias

Einige der Gattungsforscher haben in den Konfessionen Jeremias Klagelieder des Einzelnen gesehen. Die Ähnlichkeiten der Konfessionen Jeremias mit verschiedenen Psalmen waren schon früh erkannt worden, und W. Baumgartner (1) wandte die gattungsgeschichtliche Methode, die durch H. Gunkel begründet wurde, auf die Erforschung der Konfessionen Jeremias an. Nach W. Baumgartner gießt Jeremia "die persönlichsten Erfahrungen seines Prophetenlebens in die Form des Klageliedes" und erfüllt "diese mit neuem Inhalt" (2). Weiter schafft er "durch die Verbindung dieses prophetischen Klageliedes mit dem Orakelspruch eine Art Dialog zwischen Mensch und Gott, worin er die tiefste religiöse Erkenntnis ... niederlegen konnte" (3). W. Baumgartner bemerkt, daß man in den Konfessionen Jeremias sowohl die Ähnlichkeiten als auch die Abweichungen bezüglich der Klagelieder des einzelnen in den Psalmen in Form und Inhalt finden kann: "Erst mit Hilfe

---

1 W. Baumgartner, Die Klagegedichte des Jeremia: Bh. ZAW 32 (1917).

2 W. Baumgartner, a.a.O., 91.

3 W. Baumgartner, ebd.

der Gattungsforschung läßt sich erkennen, wo die Individualität des Propheten tatsächlich beginnt." (1) Er wies darauf hin, daß die Originalität Jeremias sich im Orakel Jer. 12,5, 15,19ff. zeigt; aber er erklärte nicht mehr, woher die Redeform der Antwort Jahwes kommt. W. Baumgartner nennt Jeremias Originalität, was er nicht mehr erklären kann. Aber er deutet Wichtiges an: Die Antwort Jahwes Jer. 12,5 (2) gibt nicht Rechenschaft auf die Frage über das Glück der Gottlosen. Vielmehr lehnt Jahwe eine direkte Antwort ab und verheißt ihm, "daß es noch schlimmer kommen werde" (3). Die Erkenntnis, die ihm schließlich gekommen ist, kleidet sich ihm in die Form des Gottesspruchs, der seinen persönlichen Wünschen entgegentritt. Das ist die Eigentümlichkeit der Gegenfrage Gottes. Außerdem weist W. Baumgartner darauf hin, daß Jer. 15,18f. einen schweren Vorwurf gegen Jahwe enthält, der "in den Psalmen kaum denkbar wäre" (4). W. Baumgartners Hinweis, daß eine weisheitliche Redeweise in 12,1-5 (6) gebraucht wird (5), ist nicht zu übersehen.

Auch C. Westermann sagt (6), daß diese Konfessionen Jeremias zur Gattung der Klage des Einzelnen in den Psalmen gehören; er erklärt zwar weniger ausführlich als W. Baumgartner die Antwort Jahwes in Jer. 12,5 f. (7), bemerkt aber zwei wichtige Elemente der Antwort Jahwes in Jer. 15,19-21: Verweis und Zusage. "Gott verweist ihm sein Reden und ruft ihn zurück. Aber das ist nicht alles. In dieser Stunde, wo Jeremia ganz am Boden liegt, wo er am Ende ist und nicht mehr kann, erweckt ihm Gott die Zusage, die er ihm bei seiner Berufung gegeben hat: 'Ich bin mit dir, dich zu erreten.'" (8) Und dazu bestimmt er die Anrede Jeremias an Jahwe V. 18b als Anklage:

> "Du bist mir geworden wie ein Trugbach,
> Wasser, auf das kein Verlaß ist!"

Er weist auf die Parallelen in Hi.6,15-21 und den Klagepsalmen (z.B. 22,2) hin. Sie "sind wie das Sich-Klammern an Gott in der äußersten Verzweiflung" (9). Er deutet an, daß die Antwort Jahwes ein Moment des Tadels ent-

---

1 W. Baumgartner, a.a.O., 90.

2 Vers 6 ist hier zu tilgen, weil er eine andere Funktion hat. Der Grund wird unten in Kap. 5.1. erklärt.

3 W. Baumgartner, a.a.O., 58.

4 W. Baumgartner, a.a.O., 37.40.

5 W. Baumgartner, a.a.O., 55f.

6 C. Westermann, Jeremia (2 1972) 39.

7 C. Westermann, a.a.O., 39.

8 C. Westermann, a.a.O., 41.

9 C. Westermann, a.a.O., 40.

halten kann und daß die Anklage Jeremias die Funktion einer Provokation haben kann, um eine Antwort Jahwes herauszufordern. (1)

Während G. von Rad die Jahwerede als Antwort auf das Klagegebet Jeremias bestimmt, nennt K. Koch Jer. 15,19ff. ein Erhörungsorakel in der gleichen Bedeutung wie ein Heilsorakel (2). Er vergleicht Jer. 15,19-21 mit den Klageliedern des Einzelnen Ps. 5. 6 und arbeitet die Kennzeichen der Gattung heraus. Nach K. Koch besteht dieses Erhörungsorakel aus:

Hilfeversprechen	20a + 21
Folge des göttlichen Eingreifens	20b
Heilszusicherung	20c

K. Koch übersieht dabei den Vorwurf in V. 19 und die Bedingtheit der göttlichen Zusage. Einerseits genügt es nicht, diese Antwort Jahwes 15,19ff. nur als Tadel zu bestimmen, wie G. von Rad es tut, aber andererseits geht Koch zu weit, wenn er sie ein unbedingtes Erhörungsorakel nennt, weil im priesterlichen Heilsorakel eigentlich ein Hinweis auf das Versagen fehlt (3).

Eine andere Richtung in der Gattungsforschung versucht, die Konfessionen

---

1 C. Westermann, ebd.: "Und aus dieser unablässigen Pein klagt er Gott an in einer schrecklichen Anklage." a.a.O., 41: "Auch bei dieser Klage hat Jeremia eine Antwort bekommen (V. 19-21)." "Gott verweise sein Reden und ruft ihn zurück."

2 K. Koch, Was ist Formgeschichte? (1974 3), 209-222.

3 J. Begrich, Das priesterliche Heilsorakel: ZAW 52 (1934) 81-92 = ThB 21 (1964), 217-231. - Nach J. Begrich hat ein Heilsorakel die folgenden Gattungsmerkmale (a.a.O., 82f. = 219f.):
1. Das Heilsorakel ist stets ein unmittelbares Wort Jahwes selbst. Jes. 41,8ff., 41,14ff., 43,1, 44,2, 48,17, 49,7.15 (51,12), 54,4-8, Jer. 30,10 = 46,27, 30,11 = 46,28 Klgl 3,57, vgl. Ps. 35,3.
2. Stets richtet es sich an eine einzelne Person.
3. Das Orakel beginnt gewöhnlich mit den Worten: "fürchte dich nicht". Jes. 41,10.13.14, 43,1.5, 44,2, 51,7, 54,4, Jer. 30,10 = 46,27, 30,11 = 46,28.
4. An zweiter Stelle folgt die Bezeichnung des Angeredeten Jes. 41,8.14, 42,2, Jer. 30,10 = 46,27, 30,11 = 46,28. Fehlt sie, so schließt sich unmittelbar ein begründender Satz an, der mit כִּי eingeleitet wird, Jes. 41,10, 43,2.5, 44,3, 51,8, Jer. 30,10 = 46,27, 30,11 = 46,28 - oder ohne Kausalpartikel angeschlossen ist. Jes. 41,14.
5. Dieser enthält eine Versicherung der hilfreichen Nähe Jahwes - Hes. 41,10, "denn ich bin mit dir", "denn ich bin dein Gott", Jer. 30,10 = 46,27, "denn ich bin dein Helfer." Die Merkmale 3 und 4 fehlen in Jer. 15,19ff.

Jeremias als Gerichtsreden zu verstehen. Nach S. H. Blank (1) ist die Gattung der Konfessionen Jeremias, die aus der Situation des Gerichts herzuleiten sind, Gebet mit darauf folgender Antwort. Seine Methode besteht darin, die Struktur zu erklären (2) und die mit den Gerichtsreden gemeinsamen Begriffe zu finden (3).

Anders als O. Eißfeldt (4), der meint, die Konfessionen Jeremias als kultische Klagelieder bestimmen zu können, interpretiert Blank, daß Jeremia zwar die Konfessionen nach dem gewöhnlichen Verfahren im Kult gestaltet, das aus dem Beten und der Antwort besteht, daß jedoch nicht Jahwe antwortet, sondern Jeremia sich selbst - so, als ob Jahwe geantwortet hätte. Dieses kultische Verfahren sei analog dem juristischen Prozeß gestaltet (5). Trotz S. H. Blanks Versuch, die Konfessionen Jeremias als Gerichtsreden zu interpretieren, ist seine formgeschichtliche Untersuchung nicht so erfolgreich. Er kann nur auf die Parallelen der Terminologie und die Struktur des Gebets als Gespräch Jeremias mit Jahwe hinweisen. Über die wichtigsten

---

1 S. H. Blank, The Confessions of Jeremiah and the Meaning of Prayer: HUCA 21 (1948), 331-354. - Vgl. J. P. Hyatt, Jeremia, in: IntB V (1957), 913. J. P. Hyatt nimmt die These von Blank auf: "Yahweh is considered as a righteous judge, before whom the prophet pleads his case against his adversaries, the wicked and treacherous men. He receives his verdict from God in 12:5."

2 Wer spricht? Wer wird angeredet?
Gott spricht zu Jeremia 11, 21-23; 12, 5; 15, 19-21.
Jeremia zu sich selbst 20, 11,
Jeremia zu niemand besonders (die ganze Konfession 20, 14-18),
Jeremia zu seiner Mutter (15, 10), vgl. S. H. Blank, a. a. O., 331.

3 S. H. Blank, a. a. O., 333: "Not the form of the confessions only but the language also suggests the law-court. Jeremiah addresses Got as a שופט צדק - 'a righteous judge' (11. 20). He refers to his affair as a ריב 'a case at law' אליך גליתי את ריבי - 'I have laid my case before Thee' (11. 20). He refers to his adversaries not merely as his persecutors (רדפי, 15. 15; 17. 18) but more pointedly as his antagonists, here employing the word יריבי (18. 19) which has unmistakable juridical connotations. The word רשעים appears to be used in 12. 1 in the sense of persons who should receive an adverse verdict. In this same verse Jeremiah as much as tells us that this is a legal matter; משפטים אדבר אותך 'I must lay certain cases before Thee'."

4 O. Eißfeldt, Einleitung in das Alte Testament (3 1964), 157.

5 S. H. Blank, a. a. O., 336: "If such a cult procedure is to be postulated this cult procedure itself, as this analysis suggests, is patterned on the juridical process.

Stellen 12,5; 15,19ff. sagt er, daß die Sprache des Urteils Gottes bildlich und rätselhaft sei. Darüber hinaus kann er die Redeform an diesen Stellen nicht erklären.

Hinsichtlich ihres Themas zeigt er, daß die Antwort Jahwes eine Ablehnung einschließt (1). Nach Blank ist der Maßstab der Anklage Jeremias 12,1 צדיק (2); in der Antwort Jahwes findet sich das Selbstverständnis des Propheten, und die Funktion der Antwort ist die Verstärkung und Reinigung seines Wunsches (3).

B. Gemser untersucht in derselben Richtung wie S.H. Blank unter dem Titel "The RÎB - or controversy-pattern in Hebrew mentality" u.a. auch die Konfessionen Jeremias (4). Er erklärt in diesem Aufsatz "The frequency of disputes in Israelite life" (5): Das Wort ריב, womit diese Disputation benannt wird, entstammt rechtlicher Terminologie. Aber es ist nicht Gemsers Absicht, die literarische Gattung zu bestimmen, sondern "a form of thinking and feeling, a category, a frame of mind" (6) zu zeigen. Man kann in weiten Bereichen des Alten Testaments "the controversy-pattern" bemerken; nicht nur in den Erzählungen, sondern auch in der Verkündung der Propheten (7). Aber für ihn ist es am wichtigsten, den persönlichen Dialog ("a personal rîb) Jahwes mit Mose, Jeremia und Hiob zu beobachten (8). Es ist interessant, daß Jahwe ihn nicht ablehnt, sondern ihn duldet und bestätigt, und daß Jeremia auch überzeugt wird (9).

---

1 S.H. Blank, a.a.O., 351. "Those treacherous ones whose death Jeremiah has demanded are here ignored. And with no single word does God apologize."

2 S.H. Blank, a.a.O., 344.

3 S.H. Blank, a.a.O., 354.

4 B. Gemser, The RÎB - or controversy-pattern in Hebrew mentality" Suppl. VT 3 (1955), 120-137.

5 B. Gemser, a.a.O., 120.

6 B. Gemser, a.a.O., 128.

7 B. Gemser, a.a.O., 128 und 133.

8 B. Gemser, a.a.O., 134. Nach Gemser ist Jeremia in seinen Konfessionen ein typischer "man of strife": "His dialogues with God, with their accusations, questions, declarations of innocence, divine answers, rebukes and vindications, are full of judical phrasiology."

9 "The fact that Jeremiah himself has allowed, or even caused, these most intimate and intrepid disputes with God to be put in writing and preserved for posterity, reveals the prophet's deep sense of individual personality, as well as his innermost conviction that God finally does not reject but tolerates and vindicates even his 'revolting prophets'." B. Gemser, a.a.O., 134 in Anlehnung an M.A. Beek, Het twistgesprek van de mens met zyn God (1946), 20.

Aber seine Untersuchung ist insofern nicht erfolgreich, als die Bedeutung der Antwort Jahwes auf die Frage Jeremias offen bleibt: Er kann nur den Charakter der scharfen Frage Jeremias aus dem "rîb-pattern" erklären. Obwohl er die literarische Gattung des "rîb" nicht gründlich erforscht, finden sich bei ihm andeutungsweise wichtige Gattungsmerkmale:

1. "I-Thou-relation". B. Gemser sagt, daß "Israel's experience of, and attitude to, the Divine are of a lively, active personalistic character" (1). Aber das Gespräch zwischen Jahwe und den Menschen wird nur einseitig von der menschlichen Seite unter dem Begriff rib beobachtet. Der antwortende Jahwe spricht jedoch von einer ganz anderen Richtung her, von oben nach unten, er redet Jeremia direkt an (12,5; 15,19ff.).

2. "The controversy is exponent of the feeling that there is something wrong in the relations of the entities concerned, that there is a hitch somewhere, that something is out of joint." (2) Es liegt ja ein unrechtes Verhalten bei einer Partei vor, wenn die andere ihr einen Vorwurf macht. Bei einer "rîb controversy" findet sich ein Maßstab: "This is the ṣᵉdāḳâ, the 'justice', the God-maintained moral order in world- and national- and individual affairs." (3) Jeremia, Hiob und Habakuk provozieren Jahwe, indem sie diesen Maßstab an das Verhalten Jahwes anlegen.

Hier stellt sich die Frage: Ist die menschliche Provokation eine Sünde gegen Jahwe (4)? Wenn die Provokation keine Sünde gegen Jahwe ist, wie B. Gemser sagt (5), was ist denn der Anlaß des Tadels Jahwes? Gilt dieser Maßstab bei ihrer Provokation auch für den Tadel Jahwes? Gemser erwähnt nicht, warum Jahrwe die scharfe Anfrage Jeremias tadelt.

Während Gemser einige Andeutungen über die Mentalität in Israel geben kann, reicht seine Methode noch nicht aus, um den Charakter des Tadels Jahwes zu erklären. Er sagt gar nichts über die Antwort Jahwes auf die Beschwerde des Menschen. Man kann ja auch nicht mit einem rechtlichen Begriff den Tadel Jahwes bestimmen, weil Jahwe weder das Urteil über Jeremia spricht noch ihm Rechenschaft gibt.

---

1 B. Gemser, a.a.O., 136.

2 B. Gemser, ebd., 136.

3 B. Gemser, ebd., 136.

4 S. H. Blank unterscheidet auch das unablässige, Jahwes Eingreifen fordernde Beten, wie bei Mose, Jeremia, Hiob, von dem Atheismus, trotz deren prometheischem Widerstand. Vgl. Men against God. The Promethean Element in Biblical Prayer: JBL 72 (1953), 1-13.

5 "Bold as this conception of man contending with Almighty God may be, perhaps still more remarkable is the conviction that such contending, although not without chastisement, is tolerated by Yahwe, and that He continues to bear with such a people and individual." B. Gemser, a.a.O., 133f. Es ist nicht klar bei Gemser, was das Wort "chastisement" bedeutet.

1.2.2. Die Erforschung des Tadels im Hiobbuch und in der Jonaerzählung

Während die oben genannten Forscher den Tadel noch nicht formgeschichtlich erklärten, versucht S. H. Blank sich dem Problem zu nähern. Er findet thematische Parallelen zwischen Jer. 45, den Konfessionen Jeremias (12, 5; 15, 19), Jon. 4 und Hi. 38ff. (1). Auch in Lauhas Aufsatz zur Krise des Glaubens bei Kohelet finden sich einige wertvolle Beobachtungen zu Hiob (2); wenig später untersuchte R. A. F. MacKenzie das Ziel der Jahwereden im Hiobbuch (3).

Nach S. H. Blank ist das Thema in diesen Parallelen ein dem Gottesschmerz entsprechendes, menschliches Selbstmitleid. Er bemerkt, daß Baruchs Konfession Jer. 45, 1-5 eine auffallende Ähnlichkeit mit Jona 4 hat. An beiden Stellen kann man menschliches Selbstmitleid und Jahwes Tadel finden (4). Die Konfessionen Jeremias beziehen sich ebenfalls auf die Konfession Baruchs (5) und enthalten auch Selbstmitleid (6).

Den Konfessionen Jeremias folgt die Klage Jahwes, die größer ist als eine menschliche Klage (7). Jahwe tadelt sie, und dadurch gibt er den klagenden

---

1 S. H. Blank, "Doest Thou Well To Be Angry?" A Study in Self-Pity: HUCA 26 (1955), 29-41.

2 A. Lauha, Die Krise des religiösen Glaubens bei Kohelet: Suppl. VT 3 (1955), 183 - 191.

3 R. A. F. MacKenzie, The Purpose of the Yahwe Speeches in the Book of Job: Bibl. 40 (1959), 435-445.

4 "Jona ... is concerned only for his personal comfort and is now experiencing an attack of self-pitty". S. H. Blank, a. a. O., 29. "God's word to Baruch is no less a rebuke (was man im Deutschen mit "Tadel" übersetzen kann) than his word to Jona and the logic is quite the same", S. H. Blank, a. a. O., 30. "Thus, in a way, the 'Baruch confession' is the key to the meaning of God's rebuke to Jona." S. H. Blank, a. a. O., 31.

5 "Jeremiah spoke to his beloved disciple out of insights which he achieved through his own bitter experience." S. H. Blank, a. a. O., 31. Über die Beziehung der Konfession Baruchs zu den Konfessionen Jeremias vgl. A. Weiser, Das Gotteswort für Baruch Jer. 45 und die sogenannte Baruchbiographie: Festschr. K. Heim (1954), 35-46 = Glaube und Geschichte AT (1961), 321 - 329.

6 "The prayers of Jeremiah, his so-called 'confessions', record the stages by which he came to know that he, like Jonah, like Baruch, was himself giving way to self-pity." S. H. Blank, a. a. O., 31.

7 Jer. 12, 7.

Menschen Kenntnis, daß er tiefere Schmerzen als sie leidet (1). Das gilt auch für Hiob (2). Jahwe zeigt sich Hiob, um dessen Aufmerksamkeit auf viele Schwierigkeiten zu lenken, die über seinen menschlichen Gesichtskreis hinausgehen, nämlich auf die Schwierigkeiten des einsamen Jahwe in der Welt (3).

Es scheint mir jedoch sehr schwierig zu sein, daß Ziel des Tadels Jahwes in allen Fällen als Hinweis auf die Schmerzen Jahwes zu bestimmen. Dagegen kann man sagen, daß die Befreiung von Selbstmitleid eine Funktion des Tadels ist, wie Blank behauptet. Wie Blank bemerken wir die Ähnlichkeit zwischen der Antwort Jahwes in den Konfession Jeremias und der Anrede Jahwes an Hiob (Hi. 38, 1ff.) und an Jona (4, 4. 9, 10f.). Dies werden wir noch darlegen.

A. Lauha argumentiert, daß der Ausgangspunkt des Verfassers des Hiobbuches die Krise des Glaubens an die Gerechtigkeit Gottes ist, und daß Hiob schließlich die persönliche Begegnung mit Gott erhält. Bei ihm werden der Anlaß zum Tadel Jahwes und sein Ziel andeutungsweise erklärt. Doch eine genaue Explikation der Antwort Jahwes vermißt man, desgleichen bei R. A. F. MacKenzie, der das Ziel der Gottesrede auch als persönliche Begegnung mit Jahwe erklärt.

1. 2. 3. Die bisherigen thematischen Abhandlungen des Tadels bei Jer., Hi. und Jona

Wir hatten schon in 1. 2. 1. und 1. 2. 2. gefragt, ob bei den genannten Bibelstellen gemeinsame Gattungsmerkmale gefunden werden können. In den bisher genannten Werken wird der Tadel Jahwes nur thematisch behandelt, es werden einige Andeutungen über die Funktion des Tadels gemacht, aber eine formgeschichtliche Erklärung der Ähnlichkeiten ist bisher noch nicht gegeben worden.

Wie bestimmen die Kommentatoren die eingangs genannten Bibelstellen? Ich möchte eine chronologische Übersicht gegen, die nach den einzelnen Texten gegliedert ist.

---

1 "A man complains, bemoans his bitter lot - as Jonah, when the plant fades; as Baruch, who can find no rest; as Jeremiah, torn between God and his people - and each one learns - Jonah, through God's rebuke; Baruch, through Jeremiah' word; and Jeremiah, through his own sharing in God's grief - each learns - that God also suffers, and this knowledge, presumably, sets him right." S. H. Blank, a. a. O., 33.

2 S. H. Blank, a. a. O., 35.

3 Hi. 40, 9-14.

a) Zu Jer. 12,5 - Das Wort "Tadel" selbst erschien schon im 19. Jahrhundert im Kommentar von Giesebrecht: "Das 1ste Glied (in Jer. 12,5) tadelt demnach den Propheten, weil er schon bei geringer Gefahr Furcht gezeigt habe." (1) P. Volz benutzt in der Erklärung von Jer. 12,5 nicht das Wort Tadel, sondern "Zucht" in der Bedeutung von "Erziehung" (2). Die Funktion des Tadels ist es, daß hier der Prophet durch göttlichen Aufschluß zu einer ergreifenden Selbstkorrektur kommt. Was bedeutet das? "(Er) opfert sein eigenes Meinen und Wünschen und vertieft sich in der Erkenntnis dessen, was Gottesbereitschaft bedeutet." (3)

Für J. Skinner ist die von Jahwe erhaltene Antwort eine harte Berufung zum Heldenkampf gegen die der Wahrheit widerstrebenden Mächte (4).

Nach W. Rudolph "beschämt" Jahwe Jeremia "durch einen Tadel, daß er über leichte Last murre, wo ihm doch noch viel schwerere zugedacht seien". Dazu lehnt Jahwe "es ab, ihm Rechenschaft zu geben" (5).

A. Weiser (6) sieht in Jer. 12,5 "keine eigentliche Antwort, wie Jeremia sie erwartet hat, sondern - ähnlich wie Jahwes 'Antwort' an Hiob (38ff.) - eine Gegenfrage, die das menschliche Fragestellen seinerseits 'in Frage stellt'".

Gott weist die Frage und Klage des Propheten zurück. E. A. Leslie sagt, daß diese Antwort kein Trost, sondern eine herausforderung ist (7). Auch

---

1 F. Giesebrecht, Jeremia, 73.

2 P. Volz, Jeremia, 142. "Durch solche machtvolle Zucht wurde Jeremia in der Welt Gottes immer mehr zu Hause, wenn er auch den anderen darüber ein Fremder wurde."

3 P. Volz, ebd.

4 J. Skinner, Prophecy and Religion. Studies in the Life of Jeremiah (1922), 112. "Thus the answer which Jeremiah receives to his wistful questioning of Jahwe dealings with men is a stem summons to a more hervoc and stremous conflict with the forces arrayed against the truth."

5 W. Rudolph, Jeremia, 86.

6 A. Weiser, Jeremia, 104. - Aber es ist eine Übertreibung, wenn A. Weiser sagt, daß hier Gott von Jeremia "nicht nur den Verzicht auf die eigene Einsicht in das 'Warum' der Lebensrätsel, das sacrificium intellectus, fordert, sondern die völlige Hingabe in blindem Vertrauen (vgl. baṭaḥ) und wortlosem Gehorsam" (vgl. ebd.), weil Jeremia durch den Tadel ein weiteres Gesichtsfeld von Jahwe erhält.

7 E. A. Leslie, Jeremiah (1954), 140. "Jeremiah becomes aware of the devine presense giving him not comfort but challenge."

J. P. Hyatt führt aus: "It is not an abstract 'answer' to his problem, but a challenge to him to have greater faith and courage for even more trying contexts with evil men in the future." (1) S. R. Hopper behauptet, daß "The Lord does not answer the speculative questions which Jeremia has raised: but he reproves his impatience, and confronts him with the deeper implications of his vocation." (2)

b) Zu Jer. 15, 19 - In Jer. 15, 19 bestimmt P. Volz die Antwort Jahwes als Verweis oder Tadel. Die Überschrift zu V. 19ff. lautet: "Der scharfe Verweis Jahwes" (3). Aber er schreibt weiter: Jeremia "duldet denselben Tadel wie das grobsündige Volk". In diesem Tadel erfährt "Jeremia den göttlichen Unterricht" (4). Es ist eine Stunde, in der Jeremia "Gehorsam lernte." W. Rudolph nennt Jer. 15, 19 in der Überschrift eine "Zurechtweisung". Er sieht auch hier nur die negative Seite in der Absicht des Tadels: ein Schuldbekenntnis. Jahwe sagt ihm, "daß er sich mit seinen bitteren Klagen versündigt hat, daß er זולל ... geredet hat. Psychologisch angesehen: Jeremia bekennt sich hier schuldig" (5). Aber was ist die Schuld bei Jeremia? Was bedeutet זולל? Man muß genauer bestimmen, ob die Provokation Jeremias oder etwas anderes Sünde ist (6).

A. Weiser hält Jer. 15, 19 "nicht (für) Anerkennung und Mitleid, sondern (für) Zurechtweisung und Gericht". Obwohl er den pädagogischen Begriff "Zurechtweisung" einführt, kann ihm diese Bezeichnung nicht genügen; er muß den unnötigen Begriff "Gericht" zufügen, um die Antwort Jahwes zu erklären. Auch Weiser hält wie Rudolph זולל einzig für niedrige Gesinnung. Für Weiser ist es nicht die Funktion des Tadels, sondern "die Eigenart des göttlichen Gerichts, Jeremia zugleich zu helfen, um ihm die 'verlorengegangene Perspektive wieder zurechtzurücken'" (7). Ist das aber nicht die

---

1 J. P. Hyatt, Jeremiah (1956), 917.

2 S. R. Hopper, 'Exposition' zu Jer. in: IntB V (1956), 916.

3 P. Volz, a. a. O., 174.

4 P. Volz, a. a. O., 175. "Und wie wächst die Erkenntnis Gottes im Propheten und durch den Propheten in solch erschütternder Stunde, die Erkenntnis von dem erziehenden Gott, von dem Gott, der die heilige Liebe ist! ... Der Erzieher Jeremia hat sich selbst in die strengste Schule gestellt; er hat nichts gefordert, was er nicht selbst geleistet hätte." Bei der positiven Seite des Tadels, die er erwähnt, muß man fürchten, daß Volz etwas in den Text hineingelesen hat; über "die Vergottung des Menschen" sagt der Text nichts aus.

5 W. Rudolph, Jeremia, 109.

6 Man muß זולל im Vergleich mit יקר als weisheitlichen Begriff untersuchen, wie wir später zeigen werden.

7 A. Weiser, Jeremia, 134f.

Funktion des Tadels? Kommt es nicht zu diesem Mißverständnis, weil hier eine formgeschichtliche Untersuchung des Tadels fehlt?

E. A. Leslie (1) bemerkt auch hier wie in Jer. 12, 5 "challenge". Aber es ist nicht einsichtig, daß er sagt: "In this crisis hour God's word to him is not comfort but challenge." Er interpretiert זוֹלֵל als "the precious truth of God, unmarried by his own human weakness and unalloyed with the bitterness of self-pity".

J. P. Hyatt beurteilt diesen Vers als Tadel (2). "Jeremiah must repent of his self-pity and of his accusation against Jahwe." (4) Er erkennt hier die Funktion des Tadels.

c) (Zu Hi. 38ff.) Nach S. R. Driver und G. B. Gray enthält die Frage Jahwes an Hiob (38, 2) einen doppelten Tadel (4), und die folgenden Fragen haben auch dementsprechend ein doppeltes Ziel, nämlich Jahwe als Allwissenden und Allmächtigen und umgekehrt Hiob als Unwissenden hinzustellen. Trotz ihrer ausführlichen Interpretation des Inhalts sind die Fragen noch offen geblieben, warum Jahwe an Hiob mit einem Tadel antworten muß (die Frage nach dem Anlaß), und warum Hiob von seinem Verzweifeln nicht durch einen Trost, sondern nur durch den Tadel gerettet werden kann (die Frage nach der Funktion). Bleibt das Ziel, das hier gezeigt wird, noch oberflächlich? Zwar steht das Wort "rebuke" bei Driver und Gray, aber es wird noch nicht formgeschichtlich verstanden.

In A. Weisers Kommentar findet sich die Andeutung der Funktion der Gegenfrage als Tadel; sie bedeutet a) die Ignorierung der Frage des Gegners,

---

1 E. A. Leslie, a. a. O., 145. Es scheint mir interessant, daß die amerikanischen Forscher, Leslie (1954), Blank (1955) und Hyatt (1956) alle von "self-pity" sprechen.

2 J. P. Hyatt, a. a. O., 939. "Rebuke" bedeutet "tadeln, rügen, zurechtweisen, einen scharfen Verweis erteilen". Andere Forscher gebrauchen zwar auch Begriffe wie "Zurechtweisung, Verweis", jedoch als inhaltliche Erklärung bei der Exegese, nicht als Gattungsmerkmal. Um den Begriff "Tadel" zu bestimmen, muß man 1. mit den hebräischen Synonyma die Bedeutung des Tadels differenzieren, 2. die Gattungsmerkmale des Tadels bestimmen, vgl. hierzu die Einleitung 1. 3. und die Kap. 2 und 3.

3 J. P. Hyatt, Jeremiah, 943. Er gebraucht das Wort "self-pity". Da er nicht den Aufsatz von S. H. Blank, "Doest Thou Well To Be Angry?" A Study in Self-Pity: HUCA 26 (1955) zitiert und in der Exegese von Jer. 45 nichts darüber erwähnt, hat er vielleicht die Funktion der Befreiung vom Selbstmitleid unabhängig von S. H. Blank gefunden.

4 S. R. Driver, G. B. Gray, Job, 326.

5 A. Weiser, Hiob, 242.

b) die Umkehrung der Stellung (1).

d) (Zu Jona 4) Zur Gottesfrage in Jona 4 bemerken die Kommentatoren ihre erziehende Funktion. Nach A. Weiser wird Jona von Jahwe zurechtgewiesen und weitergeführt. Gott stellt die Gegenfrage, die Jona zur Selbstbesinnung auffordert (2), als Antwort auf die verzweifelte Klage Jonas. Für W. Rudolph ist Jahwe "wie ein weiser Vater, der dem unartigen Kind, das im Zorn über die Stränge schlägt, seine Verkrampfung zu nehmen sucht" (3). Er bemerkt, daß Jahwe zu Jona in mildem Ton spricht, und auch er stellt fest, daß Jahwe Jona zur Selbstbesinnung führt.

1.2.4. Ansätze formgeschichtlicher Fragestellung

Eine Abhandlung über die Redeform des Tadels liegt noch nicht vor. Die Problematik wird kurz in der Arbeit von I. Lande gestreift. Sie geht von der Formel des Vorwurfes aus: Die Frage מה עשית, מה תעשה "Was tust du? Was hast du getan?" ist im Hebräischen zur festen Formel des Vorwurfs geworden (4). Eins der klarsten Beispiele dafür stellt 1. Kö. 1, 6 dar, obwohl in diesem Vers die Formel leicht abgewandelt ist. I. Lande stellt fest, daß diese Formel "einen Vorwurf machen" oder "tadeln" bedeuten kann. Aufschlußreich ist ihr Versuch, die Entstehung dieser Formel aus einer tatsächlichen Situation zu erklären und die Entwicklung der Formel zum moralischen Vorwurf von der konkreten Verbindung zur Situation aus zu zeigen. Zwar wird bei ihrer Arbeit die Redeform des Tadels noch nicht bestimmt, aber sie zeigt viele Beispiele der Formel des Vorwurfs in Frageform. Unter diesen Stellen finden sich nicht nur die Frageform in zweiter Person, sondern auch der Monolog (Ex. 14, 5) und die Gegenfrage als Ver-

---

1 A. Weiser, ebd. a) "Die Erwartungen, die Hiob auf seine Begegnung mit Gott gesetzt hatte, werden durch die Gottesreden enttäuscht ... Darum ist die Antwort, die Gott gibt, nicht die vom Menschen erwartete, oder erzwungene Antwort. Die Situation im Kapitel 38 ff. ist vielmehr genau umgekehrt; Gott ist es, der hier von sich aus das Gesetz des Handelns bestimmt ... Auf Hiobs Leiden und Klagen geht Gott gar nicht ein; und was der Dulder eben noch als seine stärkste Waffe fest in der Hand zu halten glaubte, seine Selbstrechtfertigung wird von Gott einfach ignoriert." b) "Nicht Gott, sondern Hiob ist es, der in den Anklagezustand versetzt ist."

2 A. Weiser, ATD 24/1. Vgl. auch H. W. Wolff, Studien zum Jonabuch (2 1975), 120: "Er will Jonas ruhiges Überlegen anregen."

3 Schon vor W. Rudolph, KAT XIII/2, 365, macht J. D. Smart, 892, auf das Vater-Kind-Verhältnis aufmerksam: "As a parent might speach to a sulking child."

4 I. Lande, Formelhafte Wendungen in der Umgangssprache im Alten Testament (1949), 99-101.

teidigung Davids gegen seinen Bruder in erster Person (1 Sam. 17, 29). Es fehlt jedoch auch hier die Betrachtung, wozu man einen moralischen Vorwurf macht und wer ihn macht.

H. J. Boecker (1) untersucht die Redeformen des Rechtslebens in Israel. Er behandelt viele wichtige Stellen in Frageform als Redeformen der vorgerichtlichen Auseinandersetzung. Aber Boecker ordnet die Texte der Gattung der Gerichtsrede ein, nur weil sie eine gemeinsame Form haben. Gab es nicht in Israel eine Zeit, für die sich Recht und Erziehung nicht differenzieren lassen? Zwar könnte man ihre Herkunft im Zusammenhang mit Gerichtsreden shen, aber sie haben eine andere Funktion als eine rechtliche in den gegenwärtigen Textzusammenhängen. Daher ist es eher problematisch, wenn Boecker z. B. 1. Kö. 1, 6 als eine Beschuldigungsformel behandelt und andere Funktionen ignoriert (2). Diese Problematik deutet für die Methodik der Erforschung des Tadels an, daß eine Ortsbestimmung sehr wichtig ist. Man muß nicht nur sorgfältig nach der Redeform fragen, sondern auch ermitteln, wer spricht und wer die Zuhörer sind. Dabei darf die Voraussetzung, der Anlaß und das Ziel eines Tadels nicht aus dem Auge verloren werden.

A. Jepsen untersucht die Warum-Frage (3), die von dem Wort לָמָּה oder מַדּוּעַ eingeleitet werden kann. Er unterscheidet zwei Gruppen dieser Fragen, indem er die mit לָמָּה eingeleiteten als Verwunderung oder Teilnahme bestimmt. Er zeigt, was Anlaß zur Frage gibt. Nach Jepsen "weist die mit lāmā eingeleitete Frage auf ein Verhalten hin, das dem Fragenden als nicht richtig, nicht angemessen erscheint" (4). Er bietet nicht nur viele Beispiele des Vorwurfs, so daß man eine Abgrenzung zum Tadel ziehen kann, sondern er deutet auch an, daß einige vorwurfsvolle Fragen einen werbenden Klang haben können (5). Aber seine Untersuchung des Vor-

---

1 H. J. Boecker, Redeformen des Rechtslebens im Alten Testament: WMANT 14 (2 1970).

2 H. J. Boecker, 31. - Wenn das Leben, die Gedankenwelt und die Ausdrucksmittel der Hebräer sehr stark unter dem Einfluß ihrer Rechtswelt steht, wie L. Köhler sagt (Deuterojesaia stilkritisch untersucht: Bh. ZAW 37, 1923, 110), wenn auch die rechtliche Redeform in einem Alltagsgespräch gebraucht wird, ist der Ort des Gesprächs nicht immer rechtlich. In dem pädagogischen Ort können auch die rechtlichen Worte als alltägliche Umgangssprache zwischen Vater und Sohn oder Lehrer und Schüler gebraucht werden. Dabei wird die Funktion verändert, vgl. 3. 1. 1. 5. Vgl. auch E. Gerstenberger, Wesen und Herkunft des "Apodiktischen Rechtes": WMANT 20 (1965), 121, 140. 142.

3 A. Jepsen, Warum? Eine lexikalische und theologische Studie: Das ferne und das nahe Wort (Festschr. L. Rost): Bh. ZAW 105 (1967), 106-113.

4 A. Jepsen, a. a. O., 108.

5 Jes. 40, 27; 55, 2.

wurfs, von Verwunderung oder Teilnahme scheint mir zu schematisch und daher problematisch zu sein, weil sich bei ihm viele Ausnahmen und nicht richtige Gruppierungen finden (1). Jepsens Untersuchung zeigt, daß man nicht allein von einer Untersuchung der Fragepartikel aus die Gattung des Tadels bestimmen kann.

1.3. Fragestellung und Methodik

Was ist ein Tadel formgeschichtlich, dessen sich Jahwe bei seinen Antworten auf die einzelnen Klagen Jeremias, Hiobs und Jonas bedient? Welche Redeform hat ein Tadel? Was ist seine Voraussetzung und sein Anlaß? Welche Funktion und welches Ziel hat die Antwort Jahwes als Tadel? Eine befriedigende Lösung war in der Geschichte der Forschung hierauf noch nicht zu finden, auch dort nicht, wo man unter den kultischen oder rechtlichen Redeformen Vergleichbares suchte.

Wir wollen nun untersuchen, ob in alttestamentlichen Erzählungen profane Parallelen zu den genannten Texten aus Jeremia, Hiob und Jona vorhanden sind, d.h. Stellen, an denen in einem Gespräch ein Tadel in Form einer Frage oder eines bedingten Satzes auftaucht, so daß eine formgeschichtliche Klärung gefördert wird. In diesen Gesprächen sollen die Partner in intimenm, persönlichem Kontakt miteinander stehen. Wichtig ist dabei, den Ort und das Ziel des Tadels zu bestimmen: Wer sind die Zuhörer, wer redet (= Ort)? Wozu dient das Gespräch (= Ziel)? Durch eine genaue Analyse dieser Texte können wir die Gattungsmerkmale und den Sitz im Leben bestimmen. Zuvor wollen wir die hebräischen Synonyma für "Tadel" kurz untersuchen, um die Funktion des Tadels vorläufig deutlich zu machen. Am Ende werden wir die theologische Verwendung des Tadels bei Jeremia, Hiob und Jona genauer formgeschichtlich klären können.

---

1 Obwohl z.B. A. Jepsen die מדוע -Frage (Jer. 12,1) als Verwunderung, Gn 4,6 als Vorwurf, der Gottes Gericht zur Folge hat, behandelt, weist der Text in eine andere Richtung. Nach Jepsen sind die mit למה eingeleiteten Fragen immer vorwurfsvolle Fragen, doch drücken einige למה -Fragen keinen Vorwurf aus, sondern Ri 15,10; 1 Sam. 9.21; 28,12 Verwunderung oder 1 Sam. 1,8 Trost! Vgl. 2.7.6., 2.7.8.

Zweites Kapitel

DIE HEBRÄISCHEN WORTE FÜR TADEL

Im folgenden sollen diejenigen Worte untersucht werden, die im Hebräischen die Bedeutung "tadeln", "Tadel" gewinnen können. Das Ziel der Begriffsbestimmung ist es, die Sachverhalte im alten Israel genauer zu erkennen, die dabei vorausgesetzt werden. Insbesondere sollen die semasiologischen Unterschiede und Gemeinsamkeiten erkannt werden, die mit den verschiedenen Worten für "Tadel" gegeben sind. Dabei soll der Lebensraum ("Sitz im Leben") vorgeklärt werden, in dem danach die Worte des Tadels formgeschichtlich zu untersuchen sind. (1)

2.1. עצב

Das Verbum עצב (II) findet sich im AT im qal; "tadeln", "wehtun" (2), "betrüben", "kränken" (3) (1.Kön 1,6; 1 Chr 4,10; 2 Sam 13,21; Jes 54,6) im ni: "bekümmert sein" (4), "sich betrüben" (5) (1 Sam 20,34; 2 Sam 19,3; Neh 8,10), "sich grämen" (6), "sich betrüben" (7) (Gen 45,5), "sich wehtun" (8) Pred 10,9)

---

1 Brockhaus Enzyklopädie 18 (17 1973), 422: "Tadel, die mißbilligende Feststellung, daß eine erwartete Leistung oder Gesinnung (schuldhaft) nicht verwirklicht wurde. Ständiger und ungerechter T. ohne Lob führt in der Erziehung zur Entmutigung oder Verbitterung und raubt die Lernbereitschaft." Die Bestimmung des Begriffs T. im modernen Deutsch ist viel abstrakter als der Begriff des Tadels im AT.

2 KBL 725. KBL gibt עצב qal die Übersetzung "tadeln".

3 GB 609

4 KBL 725

5 GB 609

6 KBL 725

7 GB 609

8 KBL 725; GB 609

im pi: "kränken" (1), "betrüben" (2) (Jes 63,10; Ps 56,6)
im hi: "kränken" (3), "zum Zorne reizen" (4) (Ps. 78,40)
im hitp: "sich gekränkt fühlen", "bekümmert sein" (5), "sich betrüben", "sich erzürnen" (6) (Gen. 6,6; 34,7).

Die Wurzel begegnet in der arabischen Sprache in der Bedeutung schlagen, stoßen, bewegungslos machen (7). Wenn man die Beispiele des Verbums עצב untersucht, sieht man, daß עצב weder zur Kult- noch zur Gerichtssprache gehört, sondern eine alltägliche Redewendung ist (8). Die jahwistische Überlieferung stellt anthropomorphisch dar: Jahwe "bekümmerte sich in seinem Herzen" וַיִּתְעַצֵּב אֶל לִבּוֹ (Gen 6,6), weil die Bosheit der Menschen auf Erden groß war.

Die Brüder Dinas "ergrimmten" יִתְעַצְּבוּ, (Gen 34,7) als ihre Schwester Dina von Sichem vergewaltigt worden war. Jonathan "betrübt sich über David" נֶעְצַב אֶל דָּוִד, weil Saul David beschimpft hatte (1 Sam 20,34). (9)

Außer solchen rückbezüglichen Verwendungen des Zeitwortes עצב finden sich andere Beispiele, in denen einer den anderen kränkt. Aber Jes 54,6 (qal), 1 Chr 4,10 (qal), Jes 63,10 (pi) und Ps 78,40 (hi) gehören zu einer späteren Zeit als die oben genannten Texte.

---

1 KBL 725

2 GB 609

3 KBL 725

4 GB 609

5 KBL 725 f.

6 GB 609

7 KBL 725, Freytag III, 171; die äthiopische Interjektion des Erstaunens አጸበ ist etymologisch mit עצב verwandt. Vgl. W. Leslau, Hebrew Cognates in Amhanc (1969), 31,99.

8 Fast alle Beispiele gehören zur Throngeschichte oder den Samuelbüchern und den jahwistischen Erzählungen. qal: 1 Kön 1,6; 2 Sam 13,21; ni: 1 Sam 20,3. 34; 2 Sam 19,3; Gen 45,5 (Josephgeschichte); Pred 10,9; hitp: Gen 6,6 (J); Gen 34,7 (J?).

9 Auch ni; 1 Sam 20,3: "damit er (Jonathan) sich nicht betrübt (פֶּן־יֵעָצֵב)." 2 Sam 19,3: "der König betrübt sich um seinen Sohn (נֶעֱצַב הַמֶּלֶךְ עַל בְּנוֹ)." Neh 8,10f.: "seid nicht bekümmert! (וְאַל תֵּעָצֵבוּ)." Gen 45,5: "Grämt euch nicht! (אַל תֵּעָצְבוּ)." Pred 10,9: "Wer Steine bricht, tut sich an ihnen weh (מַסִּיעַ אֲבָנִים יֵעָצֵב בָּהֶם)."

In 1 Chr 4,9 findet sich ein Wortspiel zwischen der Personenbezeichnung Jabez und dem Nomen עצב (= Beschwerde, Mühsal)

1 Chr 4,9: וְאִמּוֹ קָרְאָה שְׁמוֹ יַעְבֵּץ לֵאמֹר כִּי יָלַדְתִּי בְּעֹצֶב

"Da nannte seine Mutter seinen Namen Jabez und sagte: Ich habe ihn mit Schmerzen geboren."
Später schreit er zu Jahwe, daß er ohne Schmerzen sei (לְבִלְתִּי עָצְבִּי Qal inf 1 Chr 4,10). Das Wort, das Schmerzen der Geburt bezeichnet, findet sich in der Geschichte vom Sündenfall.

Gen 3,16a: הַרְבָּה אַרְבֶּה עִצְּבוֹנֵךְ וְהֵרֹנֵךְ בְּעֶצֶב תֵּלְדִי בָנִים

"Ich will dir viel Beschwerden deiner Schwangerschaft machen, unter Schmerzen sollst du Kinder gebären."
Jahwe gibt der Frau die Beschwerden (עִצָּבוֹן) der Schwangerschaft als Ergebnis des Sündenfalls. Der Mann soll die Mühsal der Arbeit haben.

"Unter Mühsal sollst du dich von ihm nähren." (בְּעִצָּבוֹן תֹּאכְלֶנָּה) (Gen 3,17) (1).

Das Nomen עִצָּבוֹן bezeichnet also sowohl Mühsal der Geburt als auch der Ackerarbeit.
Eine solche dunkle Seite der Arbeit findet man auch in den Weisheitssprüchen.
Ps 127,2: "ihr esset das mühsam erworbene Brot." אֹכְלֵי לֶחֶם הָעֲצָבִים (2) (Spr 10,22). Ohne Jahwes Segen ist die Arbeit erfolglos.
Aber die Arbeit wird in den Proverbien viel positiver angesehen. Spr 14,23: "Bei jeder Mühe kommt ein Gewinn heraus." (3) Dagegen ist das Feld eines Faulen von Unkraut überwuchert und von Wildwuchs bedeckt. (4)

Die Tat der Geburt und Arbeit wird von Mühsal und Beschwerde begleitet. Im Strafspruch selbst gibt es noch ein Stück Hoffnung, daß das menschliche Leben "über das Sterben der Einzelnen hinweg von den Müttern weitergegeben wird" (5). Trotz aller Beschwerde kann man von der Erde erfolgreich Frucht erhalten, wenn man unter dem Segen Gottes mit Fleiß arbeitet. Die Tat-Erfolg-Lehre der Weisheit gilt auch für die Erziehung.
Wie ein Bauer das Unkraut fleißig aus dem Acker ausreißen muß, hat auch ein Vater fleißig das Schlechte aus seinem Kind auszutreiben. So wie Faul-

---

1 Gen 5,29 "Mühsal unserer Hände aus dem Ackerboden"
עִצְּבוֹן יָדֵינוּ מִן־הָאֲדָמָה

2 H.W. Wolff, Anthropologie, 196, "der Mühsal Brot"; H.J.Kraus, Psalmen, 858, "das Brot der Mühsal". "Der Psalm besteht aus zwei Sprüchen (1-2 und 3-5), die in ihrer Stilbildung der Gattung der Weisheitsdichtung zuzuschreiben sind."

3 Spr 10,4.5; 12,11.24.27; 14,23; 27,23-27; 28,19.

4 Spr 24,30-34, vgl. Gen 3,18.

5 G. von Rad, Genesis, 78.

heit eine Untugend ist, so bedeutet Mangel an Züchtigung etwas Schlechtes, Spr 20, 30; 22, 5. 6. 15; 28, 18. 19 (1).

20, 30: חַבֻּרוֹת פֶּצַע תַּמְרִיק בְּרָע וּמַכּוֹת חַדְרֵי בָטֶן

"Quetschwunden reinigen das Schlechte, die Schläge bis aufs Innere des Menschen." (2)

22, 15: אִוֶּלֶת קְשׁוּרָה בְלֶב נָעַר שֵׁבֶט מוּסָר יַרְחִיקֶנָּה מִמֶּנּוּ

"Torheit haftet am Herzen des Knaben, doch die Rute der Züchtigung treibt sie aus."

Als ein weisheitlicher Verfasser der Thronfolgegeschichte die Texte (2 S 13, 21; 1 Kö 1, 6) schrieb, benutzte er עצב qal in der übertragenen Bedeutung des moralisch erziehenden Tadels, er meinte mit der Grundbedeutung "kränken" und "wehtun": das Schlechte austreiben; man kann sein Kind zum Ziel der Besserung nur durch das "Kränken" und "Wehtun" führen.

Wegen des Fehlens der "kränkenden Ausbildung" durch David müssen seine Söhne sterben. Somit ist das Wort עצב (= "kränken", "schmerzen", "tadeln") ein Synonym zu den bekannten Fachwörtern der pädagogischen Weisheit יסר (= züchtigen) und יכח (= zurechtweisen) (3), wie wir darstellen werden. Der Lebensraum von עצב = tadeln ist also der der Erziehung.

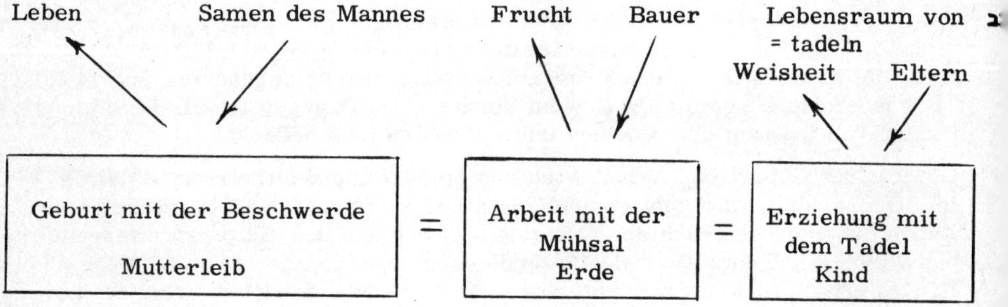

---

1 Im NT gibt es auch einen solchen Vergleich des guten Ackerfeldes: Mk 4, 2-9. 14-20.

2 Vgl. Spr 27, 6, H. W. Wolff, Anthropologie, 102 f.

3 שבט Spr 27, 5; 29, 15. Im NZ gibt es auch ein ähnliches Denken Heb 12, 11; 2 Kor 7, 8-10; Joh 16, 21.

2.2. יסר pi und מוּסָר

2.2.1. Grundbedeutung

Die Grundbedeutung des Verbums יסר pi ist "züchtigen" (1 Kön 12,11.14; Spr 19,18). Das davon abgeleitete Nomen מוּסָר stellt "Züchtigung" (1) dar (Spr 13,24; 22,15; 23,13) (2).

Spr 19,18: יַסֵּר בִּנְךָ כִּי־יֵשׁ תִּקְוָה וְאֶל הֲמִיתוֹ אַל־תִּשָּׂא נַפְשֶׁךָ
"Züchtige deinen Sohn, denn noch ist Hoffnung, verlange doch nicht nach seinem Tode."

Spr 13,24: חוֹשֵׂךְ שִׁבְטוֹ שׂוֹנֵא בְנוֹ וְאֹהֲבוֹ שִׁחֲרוֹ מוּסָר
"Wer seine Rute schont, haßt seinen Sohn, doch wer ihn liebt, sucht ihn mit Züchtigung heim."

Die Funktion der Worte יסר pi und מוּסָר in diesem Sinne sind gleich wie die Funktion des Wortes עצב "kränken". Ein Vater oder ein Erzieher treibt das Schlechte aus den Kindern oder Schülern heraus (vgl. 23,13).

2.2.2. Übertragene Bedeutung (I) - moralisch-erziehender Tadel

2.2.2.1. Übersetzung im Einzelfall

יסר pi und מוּסָר können in übertragener Bedeutung gebraucht werden. יסר pi kann im Sinne von ermahnen, zurechtbringen, richtig leiten (Spr. 31,1), zurechtweisen (Dt. 21,18), anleiten (Hi. 4,3) übersetzt werden. מוּסָר hat die Bedeutung Mahnung (Spr. 1,8; 4,1; 8,33), Zucht)Spr. 4,13; 23,12), Weisung (Spr. 8,10), Lehre (24,32). (3)

---

1 G. von Rad, Theol. AT I, 444 Anm. 33: "Das hebräische Wort, das dem, was wir unter "Bildung" verstehen, einigermaßen entspricht, ist מוסר. Seine Grundbedeutung ist "Züchtigung", und in diesem Sinne begegnet es auch im Spruchbuch (Spr. 13,24; 22,15; 23,13)."

2 Diese drei Texte enthalten שבט "Zuchtrute" mit מוּסָר zusammen. Bertram, παιδεύω ThWNT V (1954) 604: "Nach der z. B. in den Prv enthaltenen Weisheitslehre kann die Erziehung der körperlichen Züchtigung nicht entraten."

3 G. von Rad, Theol. AT I, 444, kennt auch einen "Sprachgebrauch in einigen Belegen der Proverbien, wo der Begriff den strafenden Hintergrund, die Voraussetzung des Wehtuns, verloren hat". Bertram, a.a.O., 604: "Dies Wort (מוּסָר, יסר) gehört gewiß demselben Begriffsfelde zu und kann auch selber Zucht (im sittlichen, nicht im biologischen Sinn) als Züchtigung bedeuten, aber es kann auch einen mehr intellektualistischen Sinn annehmen und würde dann Bildung im Sinne des Besitzes von Weisheit, Erkenntnis und Urteilsfähigkeit meinen."

2.2.2.2. Parallelismus

יסר pi steht in Parallelismus zu יכח hi (Spr.9,7) und מוּסָר zu תּוֹכַחַת Sg. (Spr.5,12; 6,23) (1); 10,17; 12,1; 13,18; 15,5.10.32; 29,15.17). Dabei kann יכח als "tadeln", תּוֹכַחַת als "Rüge", "Zurechtweisung" oder "Tadel" übersetzt werden (2).

Spr. 6,23: כִּי נֵר מִצְוָה וְתוֹרָה אוֹר וְדֶרֶךְ חַיִּים תּוֹכַחַת וּמוּסָר
"denn eine Leuchte ist das Gebot und die Weisung ein Licht,
Tadel und Mahnung sind der Weg zum Leben."

יסר pi und מוּסָר stellen keine intellektuelle Belehrung (3), sondern moralische Disziplin dar. Daher findet sich das schmerzlich Eingreifende und das kritisch Anleitende in der Erziehung des Vaters, obwohl die Worte nicht mehr körperliche Züchtigung bedeuten (4). Wenn ein Sohn etwas Schlechtes tut, greift der Vater ein. Er kritisiert das Verhalten seines Sohnes und regt sein Nachdenken an, um ihn zurechtzubringen. Drohung ist kein Mittel der Erziehung. Durch Nachdenken muß jeder selbst entscheiden, was er tun soll (5).

2.2.3. Übertragene Bedeutung (II) - Theologisch-erziehender Tadel

Wie ein Vater seinen Sohn züchtigt, so erzieht Jahwe den Menschen. Die Worte יסר pi und מוּסָר können auch für die Erziehung Jahwes gebraucht werden.

Dt. 8,5: וְיָדַעְתָּ עִם־לְבָבֶךָ כִּי כַּאֲשֶׁר יְיַסֵּר אִישׁ אֶת־בְּנוֹ יְהוָה אֱלֹהֶיךָ מְיַסְּרֶךָּ
"So erkenne denn in deinem Herzen, daß Jahwe, dein Gott,
dich erzieht, wie ein Mann seinen Sohn erzieht."

---

1 lc LXX

2 In Spr. 9,7 übersetzt JB יכח "tadeln", in 15,5 übersetzt H. Ringgren תּוֹכַחַת "Tadel".

3 Vgl. S.R. Driver, Deuteronomy, 76.

4 Bertram, a.a.O., 604: "Schließlich spielt in der Erziehung Tadel, Mahnung und Warnung eine große Rolle, und auch in diesem besonderen Sinn kann die vorliegende Wurzel gebraucht werden."

5 Ders., a.a.O., 605: "dabei geht es gewiß um die freiwillig und selbständig angeeignete Zucht und Bildung (12,1; 13,1; 19,20.27; 23,12; 15,32.33)".

Wie ein Vater erzieht Jahwe sein Volk, weil er es lieb hat (Dt. 4, 37; Spr. 3, 11. 12). Womit erzieht Jahwe den Menschen? Oft versteht man die Leiden des Menschen als Erziehung Jahwes (vgl. Ps. 6, 2f.; Hi. 5, 17) (1); doch erzieht Jahwe den Menschen nicht nur durch Leiden, sondern auch durch sein Wort (Dt. 4, 5. 36; Ps. 94, 12) (2). Auch führt (3) Jahrwe den Menschen zu einem neuen Einsichtshorizont, nämlich mit seinem Rat עֵצָה (4) aus der Anfechtung zur Rettung (Ps. 73, 24).

Wenn man von Jahwe durch Leiden geprüft wird, gerät man in die Glaubenskrise. Auffällig ist, daß die Menschen darin Jahwe direkt anklagen, wie z. B. Jeremia und Hiob. Die Leiden selbst stellen מוּסָר dar. Die Situation der Anfechtung gibt Jahwe Gelegenheit, den Anklagenden mit dem Tadel zu erziehen, wie wir weiter unten beobachten werden.

Die anschließende Untersuchung der hebräischen Synonyma erhellt unsere Fragestellung: Warum antwortet Jahwe mit dem Wort des Tadels auf die Klage des Menschen? Wir werden zu dem Ergebnis gelangen, daß Jahwe die Menschen damit durch die Anfechtung hindurchtragen will, um sie zu neuem Horizont zu führen und zu segnen. Hier halten wir fest, daß auch der Tadel als מוּסָר entschieden in die Welt weisheitlicher Erziehung hineinführt.

2. 3. יכח hi und תּוֹכַחַת

2. 3. 1. Grundbedeutung und ihre Entwicklung

Nach H. J. Boecker (5) ist die Grundbedeutung des Verbums יכח hi "feststellen, was recht ist". Falls das Nomen תּוֹכַחַת mit שֵׁבֶט zusammensteht, ist es klar, daß seine Funktion nicht nur Feststellung sein kann, sondern das schmerzlich Eingreifende wie bei יסר herausstellt.

Spr. 29, 15: שֵׁבֶט וְתוֹכַחַת יִתֵּן חָכְמָה וְנַעַר מְשֻׁלָּח מֵבִישׁ אִמּוֹ

"Rute und Rüge gibt Weisheit,
aber ein zuchtloser Knabe bringt seiner Mutter Schande."

שֵׁבֶט und תּוֹכַחַת bezeichnen die Züchtigung durch Schläge und Worte.

---

1 W. Wiehmann, die Leidenstheologie (1930), 5f. O. Michel, Der Brief an die Hebräer (1966), 439f.: "Das Leiden als Züchtigung Gottes."

2 Hier steht למד parallel zu יסר pi.

3 נחה stellt die Führung Gottes dar.

4 עֵצָה (Rat) ist in den Sprüchen parallel zu מוּסָר zu finden (Spr. 19, 20).

5 H. J. Boecker, a. a. O., 46 f.

2 Sam. 7,14: אֲנִי אֶהְיֶה-לּוֹ לְאָב וְהוּא יִהְיֶה לִּי לְבֵן
אֲשֶׁר בְּהַעֲוֺתוֹ וְהֹכַחְתִּיו בְּשֵׁבֶט אֲנָשִׁים וּבְנִגְעֵי בְּנֵי אָדָם

"Ich will ihm Vater sein, und er soll mir Sohn sein. Wenn er schlecht handelt, werde ich ihn züchtigen mit Menschenruten und menschlichen Schlägen."

Hier wird יכח hi durch Stock und Schläge vollzogen.

Jahwe will Salomo mit väterlicher Liebe züchtigen. Wenn Salomo sich verfehlt, stellt Jahwe wie ein Vater bei seinem Sohn das Schlechte fest, und dann züchtigt er ihn mit der Rute. Allerdings ist die Züchtigung Jahwes im übertragenen Sinn gemeint. Wichtig ist es, daß hier die Funktion des יכח wie bei יסר das schmerzlich Eingreifende (1) und das kritisch Anleitende bedeutet. Dazu zeigt יכח in diesem Text, daß der Tadler immer im Recht sein muß, um den Getadelten vernünftig führen zu können.

2.3.2. Übertragene Bedeutung (I) - moralisch-erziehender Tadel

Wie wir oben gesehen haben, können יכח und תּוֹכַחַת in übertragener Bedeutung gebraucht werden. יכח hi kann im Sinne von tadeln (2) (Spr. 10,10), rügen (15,12), zurechtweisen (19,25; 24,25; 28,23; 29,1) Gebrauch finden. תּוֹכַחַת hat die Bedeutung Rüge (27,5) und Tadel (1,23) (3).

2.3.3. Übertragene Bedeutung (II) - theologisch-erziehender Tadel

Jahwe tadelt den Beter (Ps. 6,2), er gibt denen Zurechtweisung, die er liebt (Spr. 3,11f.); "deshalb wird der Mensch, den Gott zurechtweise, selig gepriesen (Hi. 5,17)." (4) Auch hier wird יכח hi und תּוֹכַחַת in der Bedeutung "tadeln", "Tadel" im Bereich der Erziehung gebraucht.

---

1 Vgl. Jes. 37,3. In den Worten Hiskias findet sich תּוֹכַחַת als Gleichnis für den Geburtsschmerz (vgl. עִצָּבוֹן).

2 So übersetzt JB.

3 Siehe unten: "Tadel in den Sprüchen".

4 G. Liedke, יכח : THAT I (1971), 732.

2.4. כהה pi

Die Grundbedeutung von II כהה ist nach dem Vergleich des Parallelvorkommens der semitischen Wurzeln: "(mit Worten) verletzen" (1) und "schelten" (2).

כהה kommt im AT zur einmal vor im Sinne des moralisch-erziehenden Tadels (3) und wird meist übersetzt mit wehren, zurechtweisen.

1 Sam. 3,13b: בַּעֲוֹן(4) אֲשֶׁר־יָדַע כִּי מְקַלְלִים לָהֶם(5) בָּנָיו וְלֹא כִהָה בָּם
"... weil er wußte, daß seine Söhne Gott lästerten
und er ihnen doch nicht wehrte".

Nach Jenni (6) hat כהה pi die Funktion, durch Scheltworte zu korrigieren. Zwar tadelte Eli seine Söhne, aber sie hörten sein Zurechtweisung nicht (2,23-25).

1 Sam. 3,13 ist eine schöne Parallele zu 1 Kön. 1,6. Die Peschitta übersetzt עצב und כהה mit demselben Wort ܟܐܐ (7). Ein Vater tadelte seinen Sohn nicht (1 Kön. 1,6). Ein anderer Vater tadelte die Söhne (1 Sam. 2,23), aber sie hörten nicht, daher kommt das Gericht zu ihnen (3,13). Eben dies ist auch die These der Sprüche.

2.5. גער qal und גְּעָרָה

2.5.1. Grundbedeutung

Im AT kommt das Verbum גער in der Bedeutung "schelten", "zurechtwei-

---

1 ar. كأى KBL, 424a, Freytag IV, 2.

2 syr. ܟܐܐ vgl. KBL 3, 440; Brockelmann, 3,14.

3 M. Saebφ, יסר : THAT I, 740: "Als sinnverwandtes Verbum begegnet ferner khh pi 'zurechtweisen' 1 Sam. 3,13.

4 1 יען

5 lc LXX אלהים

6 E. Jenni, Das hebräische Pi'el (1968), 247: " כהה pi schelten ... in Sam. 3,13 ... hat im Unterschied zu גער q schelten (s.u. zur Andeutung von גער = "schreien", "anbrüllen") ... stärker das Ergebnis, den Eindruck auf den Adressaten zum Ziel."

7 S.R. Driver, Notes on the hebrew Text and the Topography of the Book of Samuel (1913), 44. Vetus Testamentum Syriace II, 4. Liber Regum (1976).

sen" (1) 14mal vor. Man könnte es auch mit "anschreien" übersetzen, dessen exakter Sinn dann aus dem jeweiligen Textzusammenhang zu ermitteln wäre.

In Ugarit wird גער einmal in der Bedeutung "laut rufen, wiehern" (2) und dreimal im übertragenen Sinne als "schelten, zurechtweisen" (3) gebraucht.

2.5.2. Übertragene Bedeutung (I) - moralisch-erziehender Tadel

2.5.2.1. Tadel des Vaters

Wenn man die profane Verwendung von גער untersuchen will, muß die Stelle Gen. 37,10 zuerst als Beispiel des väterlichen Tadels behandelt werden (4). Josephs Traum, der Jakob als ein Hochmut erschien, gibt Anlaß zum Tadel.
Hier weist der Vater zwar scharf, aber mit Liebe seinen Sohn zurecht (5), um ihm seinen Hochmut auszutreiben.
Der Lebensraum (der Sitz im Leben) des Tadels ist die Erziehung in der Familie.

---

1 KBL 3, 192. Nach A. A. Macintosh, A consideration of Hebrew gʿr: VT 19 (1969), 479, hat גער mehr Bedeutungsnuancen als "rebuke": "By way of summary, we may state that גער denotes in origin an aspect of the physical expression of anger and the effective working out of his anger."

2 J. Aistleitner, Wörterbuch der ugaritischen Sprache: BAL 106, 3 (3 1967), 68; G. H. Gordon, Ugaritic Textbook: An Or 38 (1965), 381; nach A. Caquot, גער : ThWAT 2 (1974), 51 bezeichnet גער an dieser Stelle "eine Krankheit des Pferdes, wahrscheinlich das 'Keuchen'".

3 A. Caquot, 51f: "In RŠ 24.256 (Ugaritica V, 545f.), 11.14 bringt gʿrb die Vorwürfe eines Mitgliedes des göttlichen Rates an den Göttinnen zum Ausdruck; diese Vorwürfe werden dann wörtlich mitgeteilt. Ebenso rügt Baʿal CTA 2 I (III AB B) 24, die Götter wegen ihrer Feigheit gegen Jam., und CTA 2 IV (III AB A) 28, weist Baʿal ʿAthtart zurecht, um sie wegen ihres Benehmens zu beschämen. An diesen drei Stellen bezeichnet gʿr den heftigen Ton einer tadelnden Rede."

4 Vgl. 3.1.2. (S. 55).

5 KBL 3 gibt "zurechtweisen" als Bedeutung für diese Stelle an.

Das Ziel von Jakobs גער ist die Besserung seines Sohnes (1).

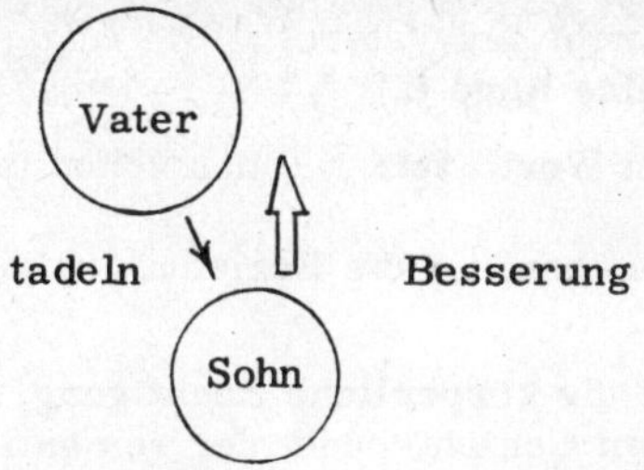

Spr. 17,10: תֵּחַת גְּעָרָה בְמֵבִין מֵהַכּוֹת כְּסִיל מֵאָה

"Tiefer dringt eine Rüge bei einem Verständigen
(verständigen Herz) (2) ein
als hundert Stockschläge bei einem Toren."

Hier stellt גְּעָרָה auch einen moralisch-erziehenden Tadel dar, der durch Worte vollzogen wird. Diese Erziehungsmethode ist wirksamer als ständige Prügel und häufigen Schlägen mit dem Stock vorzuziehen. Soziologischer Lebensraum (Sitz im Leben) ist die Erziehung des Vaters oder des Weisheitslehrers.

Das Ziel ist Besserung des Getadelten.

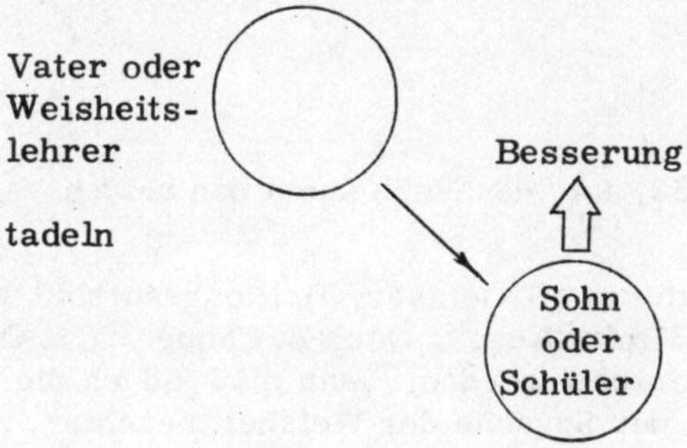

1 A. Caquot, a.a.O., 52: "... wo Jakob 'gegen Joseph' schreit, um Josephs anmaßende Träume von seiner Größe zu verurteilen. Jakobs Zuneigung zu Joseph gibt Veranlassung, die Bedeutung von gā'ar in 'zurechtweisen' zu mildern, es ist aber nicht ausgeschlossen, daß der Verfasser durch den Gebrauch des Verbums die Schärfe der Zurechtweisung unterstreichen wollte. Gen. 37, 10 ist die einzige Stelle, die eine klare moralische Mißbilligung impliziert".

2 1c LXX לֵב מֵבִין

Spr. 13,1: בֵּן חָכָם מוּסַר אָב וְלֵץ לֹא שָׁמַע (2) גְּעָרָה
"Ein weiser Sohn hört die Zucht des Vaters,
doch der Spötter hört auf keine Rüge (2)

Hier steht גְּעָרָה im Parallelismus zum Wort מוּסָר , das schon im übertragenen Sinne gebraucht ist.
Der soziologische Lebensraum (Sitz im Leben) ist die Erziehung des Vaters.

Als Mittel der Erziehung wird hier nicht die körperliche Züchtigung, sondern verbaler Tadel empfohlen. Nach dem Gesichtspunkt der semantischen Entwicklung ist die Grundbedeutung des scharfen Scheltens gemildert (3).

Das Ziel ist hier auch Besserung des Sohnes.

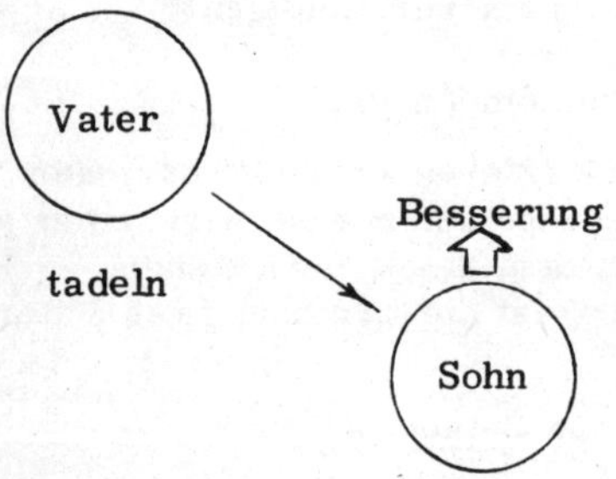

---

1 Nach A. Caquot, a.a.O., 53, ist "das Verb sama den beiden Vershälften gemeinsam".

2 Hier übersetzen Kommentatoren (B. Gemser, H. Ringgren) und גְּעָרָה mit "schelten", aber KBL 3 mit "Rüge". Nach A. Caquot, a.a.O., 53, kann גְּעָרָה als Tadel übersetzt werden: "Man muß jedoch die besondere Nuance des Wortes in der Sprache der Weisheit beachten: zwei Beispiele in Spr. zeigen, daß geʿārah sehr wohl die Bedeutung 'schelten' oder 'Tadel' haben kann."

3 B. Gemser, 19: "Bezweckt wird eine ernste Lebensführung, die wiederum 'Zucht' (מוּסָר) genannt wird, ein Wort, das in Prv. noch überwiegend seine straffe Bedeutung hat, und 'Züchtigung' (תּוֹכַחַת) ... , 'Rüge' (גְּעָרָה) 13,1 parallel ist, aber nur selten den späteren abgeblaßten Sinn von 'Erzeihung, Unterricht, Lehre' aufweist."

2.5.2.2. Tadel des Weisheitslehrers

Pred. 7,5: טוֹב לִשְׁמֹעַ גַּעֲרַת חָכָם מֵאִישׁ שֹׁמֵעַ שִׁיר כְּסִילִים
"Besser ist es, Rüge eines Weisen zu hören,
als wenn einer auf das Lied der Toren hört."

Hier wird גְּעָרָה als Rüge des Weisen dem שִׁיר כְּסִילִים, dem Lied der Toren gegenübergestellt.

Die Funktion von גְּעָרָה ist hier ähnlich wie bei תּוֹכַחַת und מוּסָר
Das schmerzlich Eingreifende und kritisch Anleitende in der Erziehung des Weisheitslehrers wird betont.
Der Lebensraum ist die Erziehung des Weisheitslehrers, Mittel der Erziehung ist die Zurechtweisung durch den Weisen (1).

Das Ziel von גְּעָרָה ist Besserung des Schülers. Wahrscheinlich ist hier mit גְּעָרָה ein Tadel in scharfem und strengem Ton gemeint, da גְּעָרָה hier in deutlicher Gegenüberstellung zu dem verführerischen Lied der Toren steht, s.o. 2.5.1. "anschreien".

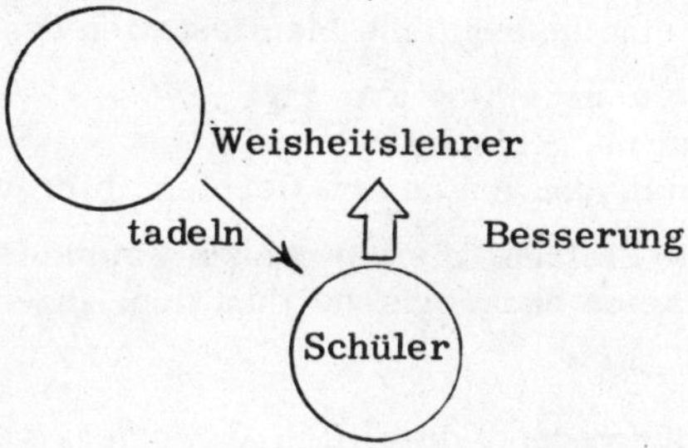

2.5.2.3. Abgrenzung

Als profane Verwendung von גער kann Ruth 2,16 betrachtet werden. Boas gebietet seinen Erntearbeitern, Ruth nicht anzuschreien (וְלֹא תִגְעֲרוּ בָהּ), damit sie in Ruhe die Ähren auflesen kann.

Die Funktion von גער ist nicht ein moralisch-erziehender Tadel, sondern Abweisung (2)

---

1 W. Zimmerli, ATD 16/1 (1962), 204: "Der Vergleichsspruch weist zunächst wieder voll in den Bereich der allgemeinen Weisheit zurück. Wie immer wieder empfiehlt diese mit großer Emphase, auf die Zurechtweisung des Weisen zu hören und auch unangenehme Strenge und Züchtigung der Schulzeit willig zu tragen."

2 A. Caquot, a.a.O., 52: "gāʿar bezeichnet hier eher Abfuhr als Tadel".

Der Lebensraum ist nicht die Familie. Eine persönliche Beziehung zwischen Ruth und den Schnittern besteht nicht. Boas' Arbeiter fürchten anscheinend, die Moabiterin könnte ihren Interessen schaden.

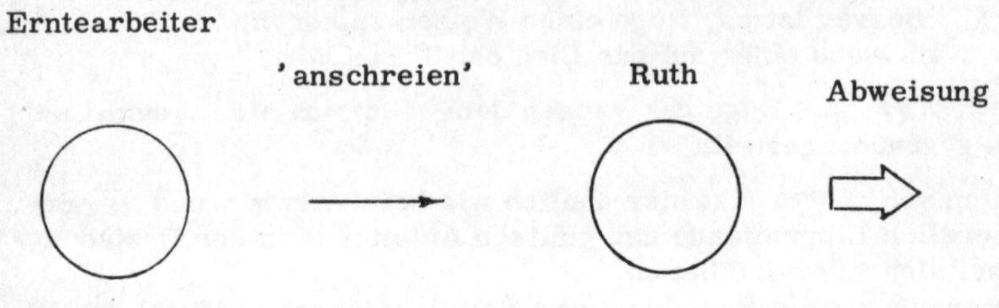

2.5.3. Übertragene Bedeutung (II) גער , גְּעָרָה -- Zorn Gottes

Im Sinne eines theologisch-erziehenden Tadels ist גער im AT nicht belegt (1). Wenn Jahwe jemanden oder etwas schelten will, bezeichnen גער und גְּעָרָה fast immer eine bedrohliche Manifestation des Zornes Gottes.

Ps. 119,21: גָּעַרְתָּ זֵדִים אֲרוּרִים הַשֹּׁגִים מִמִּצְוֺתֶיךָ
"Du bedrohst die Stolzen,
verflucht sind, die von deinen Geboten abirren."

Jahwe bedroht (גער) die Stolzen, die die großen Feinde Gottes darstellen (2). Hier findet sich keine pädagogische Funktion. Ihnen wird deshalb

---

1 Der Sturm סְעָרָה , durch den Jahwe Hiob antwortet, weist eine enge Beziehung zu גער auf. J. Jeremias, Theophanie: WMANT 10 (1965), 33: "Die Wurzel גער 'schelten' wird im AT häufig gebraucht, um Jahwes grimmiges Befehlswort wider die aufrührerischen Wasser auszudrücken (Nah. 1,4; Ps. 18,16; 104,7; 106,9; Jes. 50,2; im Vergleich Jes. 17,13). Jahwes Schelten bewirkt dabei ein Austrocknen des Meeres und der Ströme (Nah. 1,4; Jes. 50,2) bzw. des Schilfmeeres (Ps. 106,9) oder ein Zurückweichen und -fliehen der Wasser (Ps. 18,16; 104,7; Jes. 17,13). Vielleicht ist es nicht zufällig, daß in Nah. 1,3b - 4a das Kommen Jahwes im Sturm (V 3b) zu dem 'Schelten' Jahwes und dem Versiegen der Wasser (V 4a) in Beziehung gesetzt ist..."
Wenn meine Vermutung richtig ist, deutet der Verfasser des Hiobbuches mit dem Wort סְעָרָה inhaltlich an, daß die Gottesreden einen theologisch-erziehenden Tadel darstellen. Warum hat der Verfasser das Wort גער vermieden? Wahrscheinlich gebrauchte er גער nicht, weil der Leser damit zu sehr die Vorstellung vom Zorn Gottes verband.

2 JB 805, vgl. V. 51. 69. 78. 85. 122; Ps. 19,14; 86,14; Jes. 13,11; Mal. 3,19.

Jahwes Fluch angekündigt. In Dt. 28, 20 sind die Substantive מִגְעֶרֶת und מְאֵרָה in ähnlicher Weise miteinander verbunden wie in dieser Psalmenstelle das Verbum גער und das Partizip אֲרוּרִים. Das Ziel des Drohens ist nicht eine Besserung der Betroffenen, sondern Vernichtung oder Fluch.

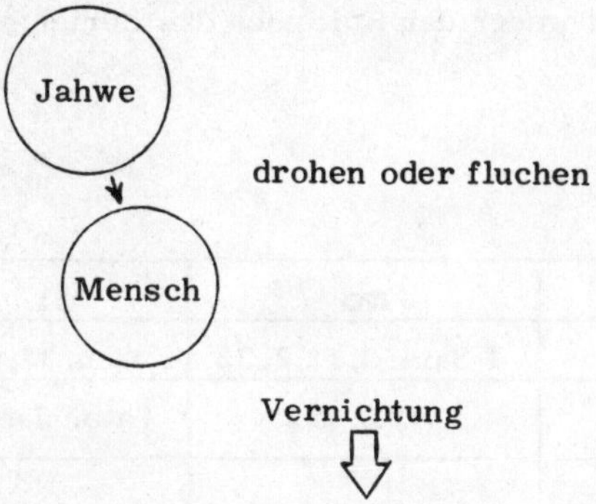

גער stellt Jahwe als einen Kämpfer dar gegen "alles, was das Chaos in der Natur und den Aufruhr in der Geschichte symbolisiert (Ps. 104, 7; Hi. 26, 11; Nah. 1, 4; Ps. 68, 31; 106, 9; 18, 6; Jes. 51, 20; 54, 9)" (1).

2.6. Zusammenfassung

Nun kommen wir zum Schluß der Begriffsbestimmungen des Tadels. Wir haben behauptet, daß die Wurzel עצב II sich von ihrer Grundbedeutung "kränken" her zu der übertragenen Bedeutung "tadeln" entwickelt hat. Diese These wird dadurch ergänzt, daß die Synonyma יסר pi "züchtigen", יכח hi "zurechtweisen", כהה pi "schelten", גער qal "anschreien" auch von anderen Grundbedeutungen her so etwas wie Tadel beschreiben können. Im übertragenen Sinne bezeichnet besonders יסר pi die moralische Disziplin, יכח hi das Rechtsbewußtsein, כהה pi den eingreifenden Aspekt und גער qal die Strenge des Tadels, was aber relativ selten vorkommt.
Folglich kann der Begriff Tadel im Bereich der hebräischen Synonyma wie folgt bestimmt werden:

---

1 A. Caquot, a. a. O., 53; vgl. G. Liedke, a. a. O., 430f.

2.6.1. Lebensraum (Sitz im Leben)

Tadel in seinen verschiedenen Nuancen ist notwendiges Mittel der Erziehung vor allem in der Familie, aber auch in der Weisheitsschule. Lebensraum (Sitz im Leben) des Tadels ist weder der Kult noch das Gerichtswesen, sondern die Erziehung.

Profane Verwendung

	עצב	כהה	גער
	1 Kön. 1,6	1 Sam. 3,13;2,23	Gen. 37,10
Wer spricht?	Vater David	Vater Eli	Vater Jakob
Wer ist Zuhörer?	Sohn Adonia	Söhne	Sohn Joseph

	יסר	גער	יכח
	Spr. 19,18;13,24	Pred. 7,5	Spr. 15,12
Wer spricht?	Vater	Weisheitslehrer	dto.
Wer ist Zuhörer?	Sohn	Schüler	Schüler

Religiöse Verwendung

Jahwes Methode, den Menschen zu erziehen, läßt sich mit dem Tadel eines Vaters vergleichen. Der Sitz im Leben bei dieser Verwendung ist nicht mehr die Familie, sondern die Glaubensanfechtung eines einzelnen Menschen (1). Dabei hat sich der Ort, an dem ein Tadel ausgesprochen wurde, geändert, nicht aber seine Funktion.

---

1 Ps. 73,14.

	יסר	יכח
	Dt. 8, 5; 4, 37; Spr. 3, 11	Hi. 5, 7; Spr. 3, 11. 12
Wer spricht?	Jahwe	dto.
Wer ist Zuhörer?	ein einzelner Mensch	dto.

2. 6. 2. Voraussetzung des Tadels

2. 6. 2. 1. Autorität

Der Vater erzieht seinen Sohn mit Autorität in der Familie (Spr. 1, 8; 13, 1; 23, 22. 25; 30, 17, vgl. Mal. 1, 6) (1). Daher tadelt der Vater seinen Sohn von oben her nach unten. Besonderes Ansehen genießt der Weisheitslehrer in der Erziehung (Pred. 7, 5). Seine Stellung gleicht einem Familienoberhaupt. Wie ein Vater ist er seinem Schüler zugetan, deshalb redet er ihn auch mit "mein Sohn" an (Spr. 2, 1; 3, 1; 4, 1; 5, 1; 6, 1; 7, 1. 24; 8, 32).

2. 6. 2. 2. Liebe

Eine gute persönliche Beziehung muß zwischen dem Tadler und dem Getadelten vorliegen. Vor allem ist beim Tadel väterliche Liebe notwendig (Spr. 13, 24; 3, 11f.), die auch Jahwes Tadel voraussetzt (2).

---

1 G. Bertram, a. a. O. , 605: "Alle Zucht wird auf Gott zurückgeführt. In ihm ist ihre Autorität begründet." H. W. Wolff, Anthropologie, 267: "In der Familie ist der Vater die verantwortliche Hauptperson; darum heißt Familie im Hebräischen 'Vaterhaus' (bēt 'āb) (Ex. 12, 3; 1 Chr. 7, 2). Des Vaters Autorität hat Gewicht für den Sohn (Mal. 1, 6)."

2 G. Bertram, a. a. O. , 605: "Gott ist der strenge Richter, der straft und züchtigt. Aber er tut es als Vater, der aus Liebe seine Kinder in harte Zucht nimmt."

2.6.2.3. Rechtsbewußtsein

Wenn ein Vater bei seinem Sohn etwas Unrechtes findet, tadelt er ihn, um das Schlechte auszutreiben. In der Erziehung hat יכח hi (2 Sam. 7,14) eine pädagogische, vor Gericht eine rechtliche Funktion (1). Es stellt ganz allgemein fest, was recht oder unrecht ist. Die Funktion von יכח muß in beiden Lebensräumen streng unterschieden werden, doch beide Verwendungsmöglichkeiten (יכח hi und Synonyma in der Erziehung, sowie יכח hi im Gerichtswesen) haben denselben Grund: Recht und Gerechtigkeit, צֶדֶק und מִשְׁפָּט (Spr. 1,3; 2,9; 16,8), die zentrale Begriffe der Sippenweisheit darstellen. Rechtsbewußtsein als Frage nach dem Guten (טוֹב) steht hinter dem Tadel als Voraussetzung (2).

2.6.3. Ziel

Der Tadel dient der Besserung des Lebens (Spr. 4,13; 6,23 (3). Er verhilft zu Vernunft (15,32) (4) und Ehre (13,18) (5).

---

1 H. J. Boecker, 45-47; G. Liedke, a. a. O., 730f.

2 Ch. Bauer-Kayatz, Einführung in die alttestamentliche Weisheit: BiblSt 55 (1969), 16: "Zwei zentrale Begriffe der Spruchweisheit sind Recht und Gerechtigkeit, die, ihren eigentlichen Sinn verdeutlichend, entsprechender wiedergegeben werden mit 'Rechtsordnung' und 'Rechtsverhalten' (H. W. Wolff)." Vgl. H. W. Wolff, Amos' geistige Heimat, WMANT (1964), 40ff. Rechtsbewußtsein setzt nicht nur der Tadel, sondern die Weisheit überhaupt in Israel voraus. Vgl. B. Gemser, 7; H. Ringgren, ATD 16,10; RBY Scott, 24; C. T. Fritz, 777.

3 Vgl. 2.2.2., H. J. Kraus, Geschichte als Erziehung. Probleme biblischer Theologie. Festschr. G. von Rad (1971), 268: "Ziel der Züchtigung ist also das Leben."

4 Spr. 15,32: "Sein Leben wirft weg, wer Zucht in den Wind schlägt.
Doch wer auf Zurechtweisung hört, gewinnt Vernunft."

5 Spr. 13,18: וְשׁוֹמֵר תּוֹכַחַת יְכֻבָּד
"Aber Ehre erlangt, wer Zurechtweisung achtet."

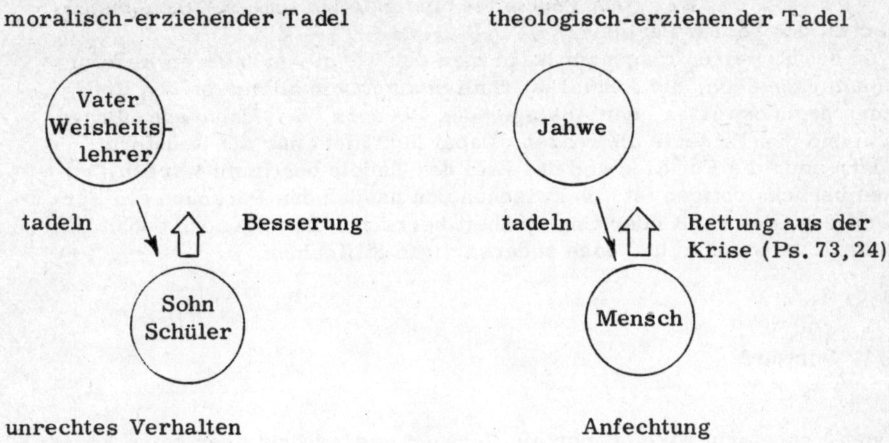

2.7. Abgrenzung des Begriffes Tadel

Kriterien zur Abgrenzung

Die Redeform. Die sprachliche Ausdrucksform für einen Tadel ist ein Interrogativsatz (1 Kön. 1, 6; Gen. 37, 10a), in dem der Betroffene direkt angeredet wird, um ihm die Möglichkeit zu einer Rechtfertigung seines Verhaltens zu geben. Der Tadel ist nicht in einen Prohibitivsatz gekleidet, der ein persönliches Gespräch schon im voraus vereitelt. Der Anlaß ist ein unechtes Verhalten bei dem Getadelten. Die Funktion des Tadels muß pädagogisch und seelsorgerlich sein. Das Ziel des Tadels bedeutet die Erziehung zur Besserung oder den Getadelten zu neuem Horzizont zu führen. Der Sitz im Leben des Tadels ist weder das Gericht, noch der Kult, sondern eine Familien-Erziehung oder Schul-Erziehung.

Wer ist es, der redet? Vater, Lehrer oder Jahwe, die Rechtsbewußtsein, Liebe und Autorität besitzen. Wer sind die Zuhörer? Meistens wird nur ein einzelner angesprochen. Aber wenn auch mehrere Zuhörer anwesend sind, ist der Tadel nicht abstrakt und allgemein, sondern privat und persönlich.

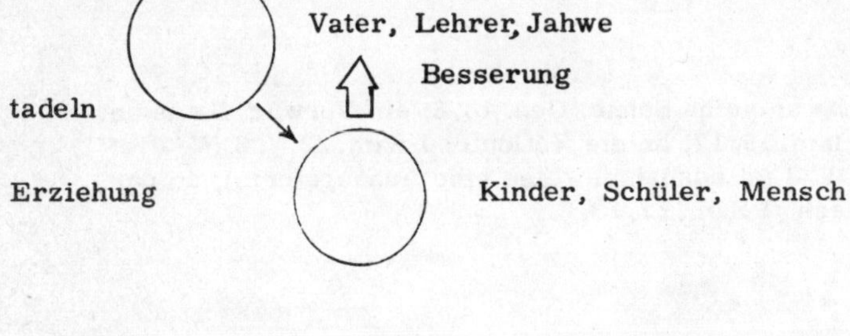

Die Voraussetzung des Tadels ist eine gute persönliche Beziehung zwischen den beiden Partnern.
Mit diesen Kriterien insgesamt kann man den Tadel von anderen Redeformen unterscheiden, die formal oft ähnlich sind, vor allem von den Redeformen des Vorwurfes, der Anklage, des Verhörs, der Mahnrede, Provokation und des Protests abgrenzen. Dabei muß nicht nur die Redeform, sondern auch die Funktion und das Ziel des Tadels bestimmt werden, wobei zu berücksichtigen ist, ob zwischen den handelnden Personen ein Verhältnis der Gleichheit oder Ungleichheit herrscht. Im folgenden behandeln wir diese verwandten und doch andersartigen Stilformen.

2.7.1. Vorwurf

Mit der Frageform wird oft nur ein Vorwurf ausgedrückt, der keine Erziehung zur Absicht hat, sondern den Angeredeten auf aggressive Art und Weise schilt und herabsetzt.

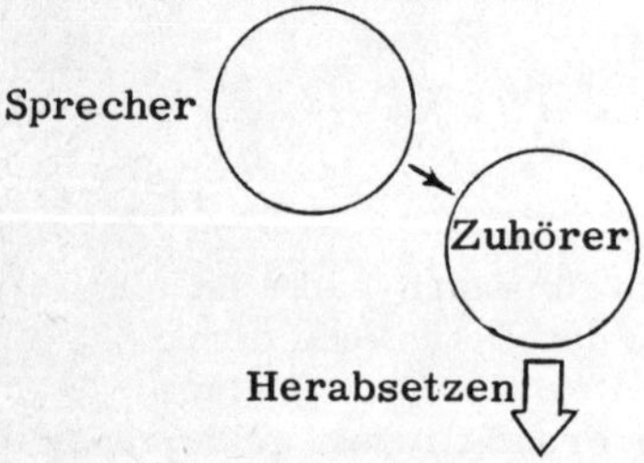

Beispiel a)

Obwohl der Sprecher ein Vater, der Zuhörer ein Sohn ist, kann der Vater nur Vorwürfe machen, wenn er seinen Sohn ohne pädagogische Absicht anredet. Saul macht Jonathan Vorwürfe ohne pädagogisches Ziel (1). Der Anlaß zu seiner vorwurfsvollen Frage ist nicht pädagogisch, sondern selbstsüchtige Eifersucht gegenüber David. Saul redet Jonathan mit sehr starken, beleidigenden Worten wegen seines Zorns an: "Du Sohn einer Verkommenen!" Daher muß seine vorwurfsvolle Frage nicht als ein erziehender Tadel, sondern als ein Vorwurf bestimmt werden (2).

---

1 1 Sam. 20, 30.

2 Ein Vorwurf Jakobs an seine Söhne: Gen. 43, 6; ein Vorwurf Sauls an seine Tochter: 1 Sam. 19, 17; an die Hofleute: 1 Sam. 22, 7. 8 (V. 7 ist eine Frage, aber V. 8 ist ausnahmsweise eine Aussageform); an den Priester Achimelech: 1 Sam. 22, 13.

Beispiel b)

Nehemia redet immer den Befehlsempfänger oder das Gefolge mit der Autorität eines Herrschers an (1). Daher sieht man in seinen vorwurfsvollen Fragen eine Verwarnung (2). Seine Haltung, die seiner Warnrede in 13,25-27 vorausgeht, zeigt, wie er streng und unerbittlich seinen Plan ausführt. Neh. 13,25a: Und ich schalt sie und verfluchte sie, schlug einige von ihnen und raufte ihnen das Haar aus (3).

ריב schelten, קלל verfluchen, נכה hi (4) schlagen, מרט Haare ausraufen bedeuten bedeuten einen Strafvollzug. Er schlägt weder Kinder noch Jugendliche, sondern Erwachsene, die sich durch Heirat miteinander vermischen. Er schilt sie, ohne einen intimen persönlichen Kontakt zu haben, und zwingt sie mit seiner Gewalt wie ein Generalgouverneur. Durch seine rigorose Haltung will er keine Besserung herbeiführen, sondern ein generelles Verbot der Mischehe sowie die Absetzung eines Priesters erreiche, der gegen diese Anordnung verstoßen hat. Da die beiden Fragen (5) in Neh. 13,17.21 keine pädagogische Funktion erkennen lassen, müssen sie als Vorwürfe aufgefaßt werden.

Die folgenden vorwurfsvollen Fragen haben, wie bei Saul und Nehemia, nicht das Ziel zu bessern. Daher müssen sie von einem Tadel unterschieden werden und also ein Vorwurf genannt werden; die mit לָמָּה eingeleiteten Fragen: Gen. 12,18b.19; 31,27.30b; 44,4; Ex. 54,5; Ri. 5,16; Ruth 1,21; 1 Sam. 17,28; 1 Sam. 26,15; 28,12.15; 2 Sam. 19,11.12; 2 Chr. 25,15.19.
die mit מַדּוּעַ eingeleiteten Fragen: Ex. 1,18; 5,14; Ri. 12,1; 2 Sam. 3,7; 2 Kön. 12,8.
die mit מָה eingeleiteten Fragen: Gen. 12,18 a; 20,9; 26,10; 31,26; Num. 23,11a; Ri. 15,11a.
die Fragen ohne Interrogativpronomen: Gen. 30,15a; Num. 31,15 (6).
die mit אֵיךְ eingeleitete Frage: Gen. 26,9 mit Verbum Pf; Jes 19,11 Jer. 2,23.

---

1 Vgl. O. Kaiser, Einleitung in das AT ([3] 1975), 173, als ein Held "in seiner einsamen Größe und Gottwohlgefälligkeit im Zentrum der Erzählung".

2 K. Galling, 251, übersetzt ריב mit "schelten" in Neh. 13,17, mit "verwarnen" in V. 21.

3 V. 27 ist eine Warnung, und V. 28 ist die Begründung des Strafvollzugs.

4 Schlagen kann als ein Synonym des Züchtigens gebraucht werden (Spr. 17,10; Jer. 2,30), aber hier bedeutet es eine Strafe.

5 Neh. 13,17 ist eine mit מה eingeleitete Frage, und V. 21 sind mit מדוע eingeleitete Fragen. Die Form in V. 11 ist keine direkte Anrede.

6 Diese Frage wird mit קצף (= zürnen) verbunden.

Vorwurfsvolle Fragen können in der Disputation gebraucht werden, z. B. 2 Sam. 19, 42. 44 (1).

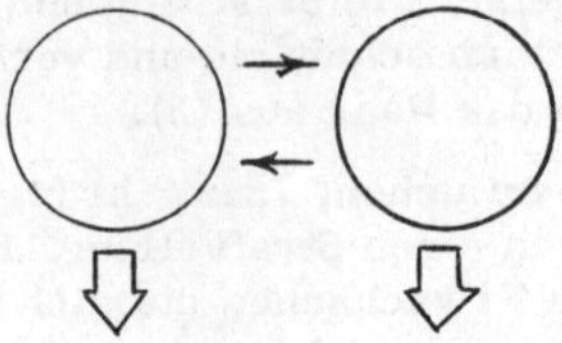

2.7.2. Verhör

Auch das Verhör hat nicht das Ziel zu bessern. Ein Verbrechen ist schon geschehen. Das Ziel des Verhörs besteht darin,

die Tatsache des Verbrechens zu untersuchen,
Schuld eingestehen zu lassen,
Beweismaterial zu bekommen,
wenn das Verbrechen eine unbestrittene Tatsache ist,
den Verbrecher zu bestrafen.

Bei einem Verhör braucht man den Verbrecher nicht zu tadeln. Es ist am wichtigsten, die Tatsache des Verbrechens zu erhärten. Wird jemand getadelt, so ist das Verhältnis zwischen einzelnen Gliedern der Familie oder der Gemeinschaft gestört, vielleicht sogar zerbrochen. Der Fehler liegt in einem Versäumnis, im Hochmut oder dergleichen, aber nicht in einem Verbrechen, das bestraft werden müßte. Die ganze Angelegenheit gehört dem außergerichtlichen Bereich an.

Tadel bedeutet eine pädagogisch seelsorgerliche Bemühung, um im persönlichen Gespräch den Partner zu bessern.

Die folgenden Fragen sind Beispiele des Verhörs:

Gen. 3, 9	אַיֶּכָּה	("Wo bist du?")
3, 11	מִי הִגִּיד לְךָ	("Wer hat dir kungetan ...")
V. 13	מַה-זֹּאת עָשִׂית	("Was hast du da getan?")
4, 10	מֶה עָשִׂיתָ	("Was hast du getan?") (2)
Ri. 6, 9	מִי עָשָׂה הַדָּבָר הַזֶּה	("Wer hat diese Sache getan?") (3)
1 Sam. 13, 11	מֶה עָשִׂיתָ	("Was hast du getan?")

1 Vgl. Exkurs I - Struktur der Gegenfrage u. S. 68.

2 Es gibt klares Beweismaterial, d.h. die Stimme von Abels Blut. Daher braucht Kain nicht mehr zu gestehen.

3 Diese Frage ist nicht direkte Anrede.

2.7.3. Eine Anklage erscheint meist als Begründung einer Strafandrohung.
Die folgenden Fragen gehören nicht zum Tadel, sondern zur Anklage:

Jos. 9,22; Ri. 2,2; 1 Sam. 2,29; 2 Sam. 12,9; Am. 5,18b; Jes. 3,15; Jer. 44,7.8; 2 Chr. 24,20.
Die Frageform hat verschiedene Funktionen, sowohl negative als auch positive, anders als der Tadel.

2.7.4. Absage oder Verweigerung

Gen. 32,29 לָמָּה זֶּה תִּשְׁאַל לִשְׁמִי "Warum fragst du denn nach meinem Namen?" (1) " Ri. 13,18.
Ruth 1,11.13 לָמָּה תֵלַכְנָה עִמִּי "Warum wollt ihr mit mir gehen?" (2)

2.7.5. Verachtung

Ri. 8,6: "Sind Sebah und Zelmunna schon wirklich in deiner Hand, so daß wir diesem Heere Brot geben sollen?"
Diese Frage der Anführer von Sukkot bedeutet eine Verhöhnung Gideons (3).

Goliaths Frage (1 Sam. 17.8) bedeutet auch eine Verachtung Israels. In 1 Sam. 26,15 findet sich eine Frage Davids an Abner, die eine ironische Verhöhnung bedeutet (4). Spott liegt auch in der Frage der Gegner Nehemias (Neh. 2,19): "Und sie haben uns verhöhnt und uns gering geschätzt. Sie sagten: 'Was ist das für eine Sache, die ihr getan habt? Wollt ihr euch gegen den König empören?'" (5).

---

1 H. Gunkel, Genesis 362.

2 Zwar ist diese Frage eine mit לָמָּה eingeleitete Frage, aber sie bedeutet weder Tadel noch Vorwurf, sondern eine höfliche Absage.

3 Vgl. 8,15, Gideon sieht eine Verhöhnung in dieser Frage חרף *pi* (= schmähen).

4 Nach I. Lande, 103, drückt die Frage in Gen. 44,15 Josephs gesteigertes Selbstbewußtsein aus. Aufgrund seiner hohen Würde fragt er seine Brüder: "Wißt ihr nicht, daß ein Mann wie ich es erraten würde?"

5 H.J. Boecker, 29, beurteilt diese Rede als Beschuldigungsrede. Trotzdem kann die Funktion der Verhöhnung nicht übersehen werden.

2.7.6. Verwunderung

Die Frageform kann eine Verwunderung zum Inhalt haben: Gen. 38,29 (1); 1 Sam. 9,21 (2); 1 Sam. 28,12; 2 Sam. 18,11; Jon. 1,10 (3). Die folgenden Fragen können positive Gefühle ausdrücken. Sie haben keine vorwerfende Funktion (4).

2.7.7. Gen. 24,31: "Warum (לָמָּה) stehst du draußen?" Diese Frage Labans bedeutet eine Einladung und betont rhetorisch den nächsten Satz: "Ich habe das Haus aufgeräumt und auch Platz für Kamele geschaffen". Die למה -Frage kann auch das

2.7.8. Liebeswerben im vorliegen Text ausdrücken.
1 Sam. 1,8: לָמֶה תִבְכִּי וְלָמֶה לֹא תֹאכְלִי וְלָמֶה יֵרַע לְבָבֵךְ
"Warum weinst du? Warum ißt du nichts? Warum ist dein Herz betrübt? Bin ich dir nicht mehr wert als zehn Söhne?"

In Elkanas Frage spiegelt sich seine Fürsorge und seine Liebe zu Hanna, seiner Frau, die vollkommen verzweifelt ist, weil ihr Kinder versagt blieben. Elkana versucht Hanna mit dem Hinweis zu trösten, daß viele Söhne die Liebe nicht ersetzen können, und daß auch Kinderlosigkeit seine Zuneigung zu ihr nicht zerstört.

2.7.9. Die מַדּוּעַ -Frage zeigt ein teilnehmendes Interesse.
Gen. 40,7: מַדּוּעַ פְּנֵיכֶם רָעִים "Warum seht ihr so schlecht aus?" (5).

---

1 Eine andere Funktion dieser Frage ist ein ätiologische Erklärung. Vgl. G. von Rad, Genesis, 295.

2 "Warum (לָמָּה) hast du diese Worte zu mir gesprochen?" Die Frage Sauls bedeutet keinen Vorwurf, weil man kein unrechtes Verhalten bei Samuel finden kann.

3 "Was (מַה) hast du denn getan!" Die Funktion dieses Ausrufs ist weder Tadel noch eine Beschuldigungsformel, sondern eine Verwunderung und dazu eine Betonung der Furcht vor Jahwe. Die Seeleute empfinden keine Feindschaft gegen Jona, sondern zeigen sich zurückhaltend, da sie Jona nicht in die Fluten werfen möchten. W. Rudolph, KAT XIII, 339f.

4 Gegen A. Jepsen.

5 I. Lande, a.a.O., 90, "Sieht man, daß es jemandem wirklich schlecht geht, und will sich anteilnehmend erkundigen, so fragt man wie Joseph."

2.7.10. Die folgende Frage bedeutet keinen Tadel, sondern ein verwunderndes Dankeswort.

בְּעֵינֶיךָ

Ruth 2,10: מַדּוּעַ מָצָאתִי חֵן ^ לְהַכִּירֵנִי וְאָנֹכִי נָכְרִיָּה

"Warum habe ich Wohlgefallen in deinen Augen gefunden, daß du auf mich Rücksicht nimmst, obwohl ich eine Fremde bin?"

2.7.11. Auch die noch folgenden Fragen haben eine andere Funktion als Tadel: Ez. 18,31 וְלָמָּה תָמֻתוּ "Warum solltet ihr sterben?" Diese Frage ist nicht ein Tadel, sondern ein werbender Anruf (3). In Ez. 33,11 findet sich dieselbe Frage als eine Gegenfrage gegenüber der Klage Israels: "Wie können wir leben?" (וְאֵיךְ נִחְיֶה). Die Redeform ist eine Gegenfrage, aber die Funktion ist nicht ein so starker Angriff wie bei einem Tadel. Vielmehr ist diese Frage zusammen mit dem Anruf "Haus Israels!" eine werbende Frage (2).

Man kann auch einen werbenden Klang in den anderen Warum-Fragen in Jes. 55,2 (3) finden. Dabei sind die Zuhörer nicht einzelne Personen, sondern mehrere, es ist eine öffentliche Anrede. Daher müssen diese Warum-Fragen als eine Variante des Tadels behandelt werden. Das ist nicht Aufgabe unserer Arbeit, seine Varianten zu erforschen.

2.7.12. Protest und Provokation

2.7.12.1. Protest

Wenn sich eine vorwurfsvolle Frage an einen höher gestellten Partner wendet, bedeutet diese Frage einen Protest oder eine Provokation.

---

1 W. Zimmerli, Ezechiel I, 414: "Über alledem aber steht das aus der verborgenen Treue Gottes stammende Werben, das fragt: "Warum solltet ihr sterben?" und das nun nicht mehr nur fragend (so 23), sondern voll bejahend sich zum Leben des um seiner Gottlosigkeit willen schon dem Tod Verfallenen (הַמֵּת) bekennend."

2 W. Zimmerli, Ezechiel II, 803: "Der Redeabschnitt 10-11, der sich an das Haus Israel richtet, ist wie der Eingang von 18 als Disputationswort gehalten. Auf eine im Wortlaut zitierte Klage des Volkes, die der Prophet auf Geheiß Jahwes diesem aus dem Munde zu nehmen hat, folgt, wie in 18,3 mit der Schwurformel eingeführt, das Gegenwort Jahwes, das in einen Bußruf ausläuft. Dieser wird durch eine beigefügte Frage noch eindringlich begründet."

3 Vgl. Jes. 40,27; 51,12.

1)

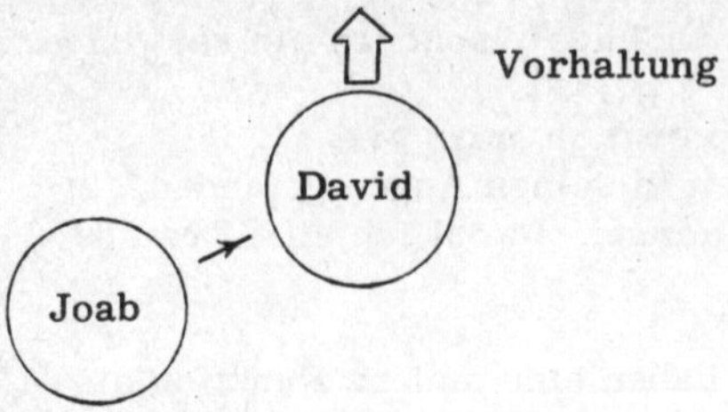

2 Sam. 19, 5ff.

2)

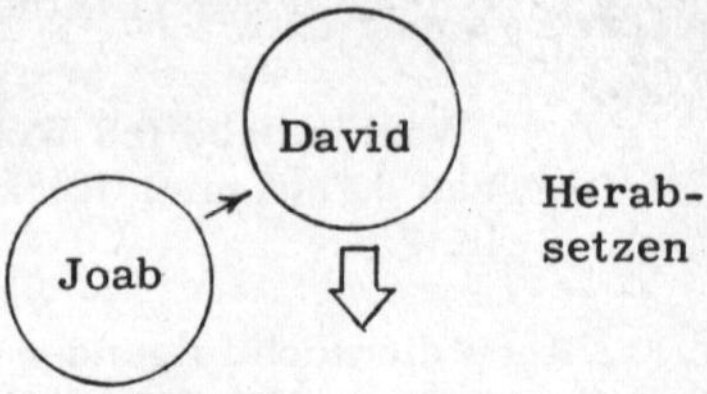

2 Sam. 3, 24

1) Als David einseitig über den Tod Absaloms klagt, protestiert Joab gegen David. Obwohl die Redeform Joabs nicht eine Frageform ist, macht er Vorwürfe durch direkte Anrede: "Du hast heute das Angesicht aller deiner Leute mit Schmach bedeckt ..." (1). Hier ist seine Absicht sehr positiv, weil er sich selbst in Gefahr bringt und den König rügt, um die Ordnung des Königtums wiederherzustellen. Sein Ziel ist: Vorhalten des unrechten Tuns.

2) aber sein Protest gegen David in 2 Sam. 3, 24 (2) kommt aus seinem persönlichen Haß gegen Abner. Sein Ziel ist, den andern herabzusetzen.

2.7.12.2. Klage und Anklage, die als Provokation wirken:
Ex. 5, 22: "Warum (לָמָּה) hast du diesem Volk übelgetan?
Warum (לָמָּה) hast du denn mich geschickt?"

Mose klagt Jahwe an, weil er als Mittler zwischen Jahwe und dem Volk einen schwierigen Auftrag ausführen muß, der seiner Meinung nach seine Kräfte

---

1 Nach L. Delekat, Tendenz und Theologie der David-Salomo-Erzählung, in: Das ferne und nahe Wort (Festschr. L. Rost): Bh. ZAW 105 (1967), 26-36, ist der Protest ein Tadel. Joab tadelt David: "Wenn nur dein Absalom lebte, dir wäre es gleich, wenn wir alle tot wären, die wir dich, deine Söhne und deinen Harem gerettet haben", und fügt dann noch hinzu: "Heute hat sich gezeigt, daß du deine Feinde liebst und deine Freunde haßt." L. Delekat benutzt hier das Wort Tadel, aber m.E. ist der Protest Joabs als eine Vorhaltung zu bestimmen. Der Unterschied liegt darin, daß Joab sich an einen höher gestellten Partner wendet.

2 "Warum (לָמָּה) hast du denn ihn entlassen, so daß er glücklich weggehen konnte? (2 Sam. 3, 24)." V. 25 ist nur ein Vorwand, weil David nichts von dem Mord des Abner wußte.

und Fähigkeiten übersteigt. Er macht Jahwe mit der Warum-Frage Vorwürfe (1). Aber diese Frage darf nicht als ein Tadel bestimmt werden, sondern als Anklage, die als Provokation wirkt. Mose erwartet eine Antwort Jahwes auf seine herausfordernde Frage, die Gott anklagt und beschuldigt, daß er nicht im Recht sei.

provozieren,

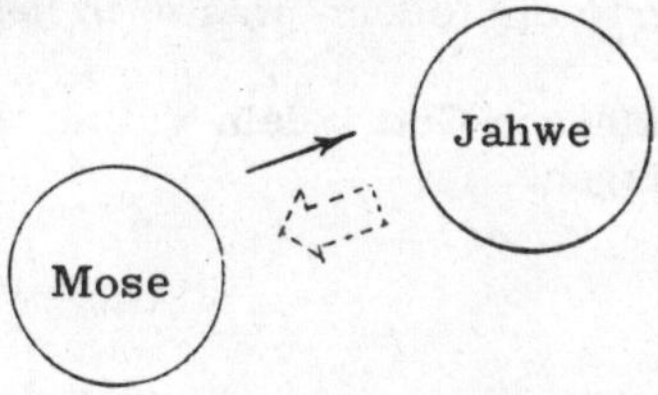

um eine Antwort
herauszufordern

Ps. 88,15:

"Warum, Jahwe, hast du meine Seele verworfen?
Warum verbirgst du dein Angesicht vor mir?"

Dieser Vers ist eine typische Anklage in den Psalmen. Doch in Ps. 88 werden keine tiefsinnigen, philosophischen Reflektionen über den Tod angestellt. Sterben bedeutet die völlige Verlassenheit von Jahwe. Es ist die einzige Absicht des Psalmisten, seine lebendige Beziehung zu Jahwe wiederherzustellen. Also fragt er Jahwe vorwurfsvoll an. Diese Fragen als Provokation finden sich oft in den Psalmen. Ps. 10,1: "Warum, Jahwe, stehest du ferne? Warum verbirgst du dich in Zeiten der Not?" Ps. 22,2: "Mein Gott, mein Gott, warum hast du mich verlassen?" Nach H. Gunkel (2) sucht der Beter nach einer Erklärung für das Geschick, das ihn betroffen hat (10,1; 22,2; 42,10; 43,2; 88,15). Ebenso wie die mit לָמָּה eingeleitete Frage stellt die Frage mit עַד מָתַי in den Psalmen eine Provokation

---

1 M. Noth, Exodus, 39: "Und in V. 20ff. erfährt man dann überraschend, das Mose inzwischen draußen gewartet hat, um sich über den Ausgang der Verhandlung der 'Aufseher' unterrichten zu lassen und deren Vorwürfe entgegenzunehmen, weil er die Veranlassung dazu gegeben hat, daß Israel durch seinen Wunsch beim Pharao und seinen Beamten in nur noch schlechteren Ruf gekommen ist (V. 21 b $_{\alpha}$) und dem Pharao nur einen Grund zu noch härterer und lebensbedrohender Behandlung geliefert hat (V. 21 b ß), woraufhin Mose nun allerdings zum Sprecher Israels vor Jahwe wird und den ihm gemachten Vorwurf zum Sprecher Israels an Jahwe weitergibt, und seinerseits von Jahwe hingewiesen wird auf bevorstehendes wunderbares 'göttliches Handeln', das zur Entlassung Israels aus Ägypten führen wird (6,1)."

2 H. Gunkel, Einleitung in die Psalmen (2 1966), 217: "Der Zweck des Klageliedes ist, etwas von Jahwe zu erreichen. Um dieses Ziel nicht zu verfehlen, ist der Beter bestrebt, mit allem, was er sagt, das Herz seines Gottes zu bewegen (231).

dar (1).

Ps. 13, 2: "Wie lange, Jahwe, vergißt du mich dauernd?
Wie lange verbirgst du dein Antlitz vor mir?"

Der Zweck der provokativen Fragen besteht darin, Jahwe eine Antwort zu entlocken, in der er sich verteidigt oder - was noch besser ist - eine Wendung zum Guten zusagt.
Es wäre Hybris, wenn der Mensch Gott tadeln wollte. Er kann Gott höchstens provozieren oder anklagen.

---

1 W. Baumgartner, a. a. O., 15.

Drittes Kapitel

DER TADEL IM PENTATEUCH UND IN DEN GESCHICHTSWERKEN

3.1. Der Tadel des Vaters

3.1.1. 1 Kön. 1, 6

Wir beginnen mit 1 Kön. 1, 6, weil dieser Text den charakteristischen Begriff עצב "tadeln" aufnimmt. Er setzt mit dem interrogativen Adverb מדוע "warum?" ein (1).

1 Kön. 1, 6a: וְלֹא־עֲצָבוֹ אָבִיו מִיָּמָיו לֵאמֹר מַדּוּעַ כָּכָה עָשִׂיתָ
"Und sein Vater hat ihn zu seinen Lebzeiten nicht getadelt (2), so daß er gesagt hätte: 'Warum hast du so etwas getan?'"

3.1.1.1. עצב

M. Noth übersetzt עצב mit "kränken" (3). Aber später sagt er, "Was nach V. 6 David an Adonia hätte tadeln sollen, war gewiß in erster Linie das Usurpieren königlicher Vorrechte." (4) Er gebraucht hier "kränken" in der gleichen Bedeutung wie "tadeln" (5). Auch J. A. Montgomery schreibt: "Like his brothers Amnon and Absalom he had never been controlled by his father." (6) Sollte David an Adonia nur das Usurpieren tadeln? Nach V. 6a hat David "ihn zu seinen Lebzeiten nicht getadelt" (7). Man kann in der Geschichte der Söhne Davids leicht sehen, daß David seine Pflicht der Erzie-

---

1 Vgl. Jer. 12, 1. Nach der These Jepsens ist מדוע immer Verwunderung oder Information. Aber der Text selbst zeigt, daß seine These ungenau ist.

2 LXX BA ἀπεκώλυ(σ)εν = עֲצָרוֹ: aber LXX[L] ἐπετίμησεν

3 M. Noth, Könige, 1.

4 M. Noth, a. a. O., 15.

5 Vgl. 2.1., S. 25 die Grundbedeutung von עצב ist "kränken".

6 J. A. Montgomery, Kings, 72.

7 Gegen H. J. Boecker, 31. Er schweigt über das Wort מימיו "zu seinen Lebzeiten" und beurteilt diese Frage nur als eine Beschuldigungsformel, und damit übersieht er die andere Funktion, die die Vater-Sohn-Beziehung hat. Hier weist "zu seinen Lebzeiten" nicht nur auf das einmalige Verhalten Adonias hin, sondern auf die unaufhörliche Vater-Sohn-Beziehung.

hung in seiner Familie versäumt hat (1), weil er seinen Söhnen aus unkritischer Liebe heraus alles durchgehen ließ, ohne sie auf ihr Unrecht hinzuweisen. Amnons schweres Vergehen gegen Tamar erzürnt ihn zwar sehr, aber er wagt es nicht, seinen Sohn zu tadeln (2). Sowohl dem stolzen Adonia wie dem hochmütigen Absalom fehlt väterliche Zucht (3). Hinter עצב und der warum-Frage könnte ein Erziehungsverhältnis zwischen Vater und Sohn liegen.

3.1.1.2. Redeform des Tadels

Hier sollte David als Vater mit dieser direkten Du-Anrede seinen Sohn Adonia tadeln. Daß die "Warum-Du"-Frage eine auffallende R e d e f o r m ist, wird an anderen Beispielen nachgewiesen werden (4).

3.1.1.3. Anlaß des Tadels

Anlaß zu dieser vorwurfsvollen Frage sollte Adonias Hochmut dem König David geben: "Warum hast du so etwas getan?" Man kann wegen des Ausdrucks מִיָּמָיו vermuten, daß Adonias unrechtes Verhalten nicht nur in seiner Usurpation allein besteht, sondern auch noch anderes Unrecht einschließt. Noch wichtiger wäre es, daß er nach weisheitlichen Kategorien

---

1 In Israel haben die Eltern die Erziehungsaufgabe gehabt. Vgl. H.W. Wolff, Anthropologie, 261: "Die Rolle des Vaters in der Erziehung wird im allgemeinen um so wichtiger, je älter das Kind wird." Ch. Bauer-Kayatz, a.a.O., 13: "Die Älteren geben ihre Erfahrungen an die Jüngeren weiter, damit sie ihnen in den vielfältigen Entscheidungen des Alltags helfen. Dabei ist zunächst an die Erziehung in den Großfamilien, den Sippen, schon während der nomadischen und halbnomadischen Existenz der israelitischen Stämme, deren Bedeutung aber noch weit in die staatliche Zeit Israels hineinreichte, zu denken. Diese 'Sippenweisheit' (vgl. H.W. Wolff: Amos' geistige Heimat, 1964) will die jungen Menschen anleiten, den 'Weg des Lebens' zu finden und 'den Fallen des Todes zu entgehen'."

2 2 Sam. 13,21.

3 Das vermutet man andererseits, weil Salomon als weiser Mann erwähnt wird, 1 Kön. 2,6.9, vgl. Spr. 1,1-8. Dann sind die Söhne Davids Beispiele der Torheit. Nach R.N. Whybray, The Succession Narrative: SBT 9 (1968), 78ff. ist die Thronfolgegeschichte nach weisheitlichen Erziehungsvorstellungen formuliert worden. Vgl. auch H.J. Hermisson, Weisheit und Geschichte: Probleme biblischer Theologie. Festschr. G. von Rad (1971), 136-154 (137-148!).

4 Vgl. 3.1.2; 3.1.3.; 3.1.4.

zu den Toren gehören würde (1), während sein Bruder Salomo als weiser Mann charakterisiert wird, dem durch sein Gebet Weisheit von Jahwe geschenkt wird (2).
Danach hätte es Adonia an der nötigen Einsicht gefehlt, weil ihn sein Vater David "zu seinen Lebzeiten nicht getadelt" hat.

> "Wer seine Zuchtrute schont, haßt seinen Sohn;
> doch wer ihn liebt, sucht ihn mit Züchtigung heim
> (Spr. 13,24)."
>
> "Wer Zucht liebt, liebt Erkenntnis;
> wer Tadel haßt, ist dumm (Spr. 12,1)." (3)

3.1.1.4. Funktion des Tadels

Im Lichte dieser Aussagen mußte die Funktion der vorwurfsvollen Frage des Vaters ("Warum hast du so etwas getan") darin bestehen, Adonias selbstsüchtigen Willen zu brechen, sein Bewußtsein zu schärfen und sein Nachdenken anzuregen.

3.1.1.5. Ziel des Tadels

Das Ziel des Tadels Davids sollte die Besserung seines Sohnes sein.

3.1.2. Gen. 37,10

Gen. 37,10: וַיִּגְעַר בּוֹ אָבִיו וַיֹּאמֶר לוֹ מָה הַחֲלוֹם הַזֶּה אֲשֶׁר חָלָמְתָּ
הֲבוֹא נָבוֹא אֲנִי וְאִמְּךָ וְאַחֶיךָ לְהִשְׁתַּחֲוֺת לְךָ אָרְצָה

Da tadelte ihn sein Vater und sprach zu ihm: "Was soll dieser Traum bedeuten, den du geträumt hast? Sollen wir, ich und deine Mutter und deine Brüder, kommen und uns vor dir zu Boden neigen?

---

1 H.W. Wolff, Anthropologie, 304: "Davids und seiner Söhne Versagen und Scheitern wird an weisheitlichen Kategorien erkannt." H. J. Hermission, Studien zur israelitischen Spruchweisheit: WMANT 28 (1968), 126: "Daneben wäre die Thronfolgegeschichte (2 Sam. 9-20; 1 Kön. 1f.) zu stellen, die mit der Frage nach der Bewährung der Söhne Davids ein die Weisheit an hervorragender Stelle beschäftigendes Thema aufgreift und die sich auch sonst - etwa in 2 Sam.14 und 20 - als von der Weisheit geprägt erweist."

2 1 Kön. 2,6.9.

3 Spr. 19,18.25; 22,5; 23,13.14; 29,15.17.

3.1.2.1. Redeform des Tadels

Das Wort Jakobs ist ein mit dem Interrogativpronomen מָה formulierter Nominalsatz, an den sich ein Relativsatz anschließt. Die מה -Frage ist ein Vorwurf (vgl. Gen. 44,15; Jos. 22,16; 1 Kön. 9,13; Jer. 36,4). Sie fordert keine Näherbestimmung von הַחֲלוֹם הַזֶּה אֲשֶׁר חָלָמְתָּ, da der Inhalt des Traumes den Brüdern und dem Vater klar ist und sie dies nur nicht akzeptieren wollen. Der zweite Fragesatz erläutert anschließend die Aussage des ersten (1).

3.1.2.2. Anlaß des Tadels

Der Anlaß des Tadels ist der Traum, den Joseph geträumt hat. Der Traum erscheint seinem Vater und den Brüdern als Hochmut. Seine Brüder werden deswegen eifersüchtig auf Joseph. Aber Vater Jakob tadelt Joseph. Ist die Frage Jakobs wirklich ein erziehender Tadel oder nur ein Vorwurf?

3.1.2.3. גער

Das Verb גער kann ein ärgerliches Anschreiben bedeuten (2). Wenn man bei der Frage Jakobs keine pädagogische Absicht finden kann, ist sie nur ein Vorwurf (3). Trotzdem finden sich Gründe dafür, diese vorwurfsvolle Frage Jakobs als einen Tadel zu bestimmen.

1) Der Vater Jakob liebt seinen Sohn Joseph sehr (37,3.34.35; 45,28; 46,30). Aber seine Liebe ist nicht unkritisch wie bei David, sondern er schilt Joseph mit väterlicher Autorität.

---

1 Im ersten Satz wird חלום durch die Relativkonstruktion besonders hervorgehoben, im zweiten verstärkt der paranomastische Gebrauch des Inf abs die Aussage, zusätzlich wird das in נבוא enthaltene Subjekt "wir" näher bestimmt. Vgl. R. Meyer, Hebräische Grammatik III (3 1972), § 103,3b, 93,2b.

2 Ruth 2,16, vgl. 2.5.

3 G. von Rad, Genesis, 288: "Die Reaktion auf die Träume war bei den Brüdern eine ganz negative, bei dem Vater eine überwiegend negative. Das war, wie oben gesagt, nicht eine Ablehnung einer direkten Gottesweisung, sondern vielmehr die instinktive Abwehr eines unangenehmen und unglaubwürdigen Zukunftsbildes aus dem Munde eines Halbwüchsigen." H. Gunkel, Genesis, 405, versteht V. 10 nicht als eine echte Frage, sondern als Ausdruck der Verwunderung und des Erstaunens.

2) Joseph liebt seinen Vater auch (1). Daher besteht ein guter persönlicher Kontakt zwischen Vater und Sohn. V. 11 zeigt uns, daß die Brüder eifersüchtig auf ihn sind; sein Vater aber merkte sich die Sache. Der Vater ist ganz anders als Josphs Brüder. Sie hassen Joseph, aber er liebt ihn (2).

3) Da Jakob die Bedeutung von Josephs Traum im Gegensatz zum Leser noch verborgen ist, hält er den Traum des Sohnes für Hochmut und tadelt ihn deshalb (3). Die Zurechtweisung soll den Sohn bessern und ihn aus dem Reich der Träume in die Wirklichkeit zurückholen.

4) LXX übersetzt גער mit dem Verb ἐπιτιμάω (4). In 1 Kön. 1, 6 übersetzt LXX[L] עצב (= tadeln) ebenfalls mit ἐπιτιμάω . גער wird in Gen. 37, 10 als schelten übersetzt (5). Aber das Nomen גְּעָרָה wird in der Weisheitsliteratur als Synonym zu מוּסָר (Zucht) Spr. 13, 1 (6) oder zu הַכּוֹת (Schlagen) Spr. 17, 10 gebraucht. In Pred. 7, 5 wird auch גְּעָרָה in der Bedeutung des moralisch-erziehenden Tadels gebraucht (7).

5) Die Josephsgeschichte ist eine pädagogische weisheitliche "Lehrerzählung" (8). Daher ist die Erziehung Josephs idealisierend dargestellt. Deshalb kann man sagen: obwohl der Begriff גער in diesem Text ein ärgerliches Anschreien einschließen kann, bleibt sein hauptsächlicher Inhalt ein moralisch-erziehender Tadel des Vaters (9). Die Funktion des Tadels besteht darin: ein unrechtes Verhalten, das der Vater als Hochmut Josephs schilt, zum Bewußtsein zu bringen. Das Ziel des Tadels ist die Besserung seines Sohnes.

---

1 Gen. 45, 3. 9-11; 46, 29.

2 G. von Rad, Weisheit, 68.

3 In Lk. 2, 41ff. tadelt Maria ihren verlorenen Sohn Jesus, weil sie noch nicht seine Absicht verstehen kann. Aber sie wird von Jesus dieser Worte wegen getadelt; "seine Mutter bewahrte alle diese Worte in ihrem Herzen".

4 καὶ ἐπετίμησεν αὐτῷ ὁ πατὴρ αὐτοῦ καὶ εἶπεν αὐτῷ Τί τὸ ἐνύπνιον τοῦτο ὃ ἐνυπνιάσθης;

5 H. Gunkel, Genesis, 405; G. von Rad, Genesis, 284; JB

6 Spr. 13, 1: בֵּן חָכָם מוּסַר אָב וְלֵץ לֹא־שָׁמַע גְּעָרָה

7 Pred. 7, 5: Besser ist es, Rüge eines Weisen zu hören, als wenn einer auf das Lied der Toren hört. Siehe oben, 2. 5. 2.

8 G. von Rad, Weisheit, 67-69.

9 A. A. Macintosh, A consideration Hebrew gʿr : VT 19 (1969), 471-479: "The idea of moral rebuke may be said to fit the context precisely. We may wonder, however, whether strictly the denotation of גער in this phrase is not that of angry protest, while the connotation remains that of a paternal reprimand." (474)

Nach der Sicht des Erzählers liegt bei Joseph kein unrechtes Verhalten vor, da die Träume nicht seiner kindlichen Phantasiewelt entstammen. In den Augen des Vaters und der Brüder erscheinen sie als Vermessenheit (1).

Trotz aller Schwierigkeiten, die Situation vom menschlichen Verhalten her zu erfassen, ist es klar, wie ein Vater seinen Sohn tadelt, wenn er bei ihm Unrechtes zu finden glaubt.

3.1.3. Ex. 2,20

Ex. 2,20: וַיֹּאמֶר אֶל בְּנֹתָיו וְאַיּוֹ לָמָּה זֶּה עֲזַבְתֶּן אֶת־הָאִישׁ קִרְאֶן לוֹ וְיֹאכַל לָחֶם

"Da sprach er zu seinen Töchtern: 'Wo ist er? Warum habt ihr denn den Mann stehen lassen? Ladet ihn zum Essen ein!'"

3.1.3.1. Redeform des Tadels

Vater Reguel tadelt seine Töchter mit der Warum-Frage (V. 20 bα), weil die Töchter durch die Wohltat Moses vor den Hirten gerettet wurden und sie ihn dann stehen ließen. Auch hier tadelt der Vater die Töchter mit der Warum-Frage, die mit dem Wort לָמָּה eingeleitet wird (V. 20 bα). Die Frage, "wo ist er" (V. 20 aβ) ist eigentlich nur eine informatorische Frage; sie wird mit dem Tadel verbunden, der darin besteht, daß Reguel fragt: Warum habt ihr den Mann stehen lassen? Die Frage erfolgt in direkter Anrede. Das Verbum עזב schließt eine kritische Bewertung ihres Verhaltens in sich ein.

3.1.3.2. Lebensraum (Sitz im Leben) und Anlaß des Tadels

Der Lebensraum (der Sitz im Leben) des Tadels ist das alltägliche Gespräch zwischen Vater und Töchtern. Warum werden die Töchter von dem Vater getadelt (2)? Es fehlt den Töchtern an Gastfreundschaft. Aber der Vater tadelt sie nicht nur wegen ihrer Unaufmerksamkeit gegenüber ihrem Wohltäter. Sie sollten den Fremden nach der heiligen Pflicht der Gastfreundschaft freundlich

---

1 Eine ähnliche Situation besteht, wenn Maria aus Mangel an Einsicht in das Tun Jesu ihren Sohn mit einer Frage tadelt (Lk. 2,48).

2 In V. 18 findet sich eine mit dem Wort מדוע eingeleitete Frage: Warum seid ihr heute so schnell nach Hause gekommen? Jepsen hat Recht, wenn er sagt: "Das ist eine rein informatorische, aus einer gewissen Verwunderung heraus erwachsene Frage" (a. a. O., 106).

empfangen. Daher tadelte er seine Töchter, damit er das Versäumte durch die Einladung zur Mahlzeit nachholen kann (1). Die Mädchen gingen zum Brunnen zurück, um den Gast zu rufen. Dann wurde Mose ein Gast bei Reguel.

3.1.3.3. Funktion und Ziel des Tadels

Der Tadel des Vaters Reguel an den Töchtern ist pädagogischer Art. Dadurch bekommen die Töchter Einsicht, wie man in diesen Fällen handeln muß. Deshalb ist das Ziel eine Erziehung zum Besseren, weil die Töchter durch den erziehenden Tadel des Vaters aus ihrer Unreife zur Reife geführt werden sollen. Dem Tadel Reguels folgt ein konkreter Befehl: "Ladet ihn zum Essen ein!" Der Vater erzieht auf positive Weise seine Töchter, damit seine Familienerziehung das gewünschte Ziel erreichen kann.

3.1.4. 1 Sam 2,23

1 Sam. 2,23: לָמָּה תַעֲשׂוּן כַּדְּבָרִים הָאֵלֶּה אֲשֶׁר אָנֹכִי שֹׁמֵעַ אֶת־דִּבְרֵיכֶם רָעִים מֵאֵת כָּל־הָעָם אֵלֶּה

"Warum tut ihr solche Dinge, die ich hören muß von diesem ganzen Volk, daß eure Taten böse sind?"

3.1.4.1. Zum Kontext

Vater Eli tadelt (2) seine Söhne, weil er von ihnen unrechtes Verhalten gehört hat (3). Ihre Unterschlagung des Opfers und die Versündigung mit den Frauen, die den Dienst am Eingang zum Offenbarungszelt versahen (4), ge-

---

1 J. Weiss, Exodus, 15; J. C. Rylaarsdam, IntB I (1952), 865. Vgl. Gen. 18,1ff.; 19,1-3, Heb. 13,1.

2 H. P. Smith, 20: "The rebuke: why will you the like of these things which I hear from the mouth of all the people? this which is an abbreviated text, seems to convey all that he meant to say."

3 1 Sam. 2,12-17.22.

4 Der Hinweis, daß sie bei den Weibern schliefen, die den Dienst am Eingang des Begegnungszeltes taten, fehlt im Codex Vaticanus (B). H. W. Hertzberg, 25, schreibt: "Der Satz, der aus anderer Überlieferung später hinzugekommen sein könnte, ist nach 2 Mose 38,8 gestaltet worden ... Gerade der Umstand, daß die Frauen somit zum sakralen Personal gehören, soll die Sünde der Priester um so sündiger erscheinen lassen." - H. P. Smith, 20: "The impurity predicated of them in the second half of the verse was not in the mind of the original authors."

ben Anlaß zum Tadel Elis. Er wollte zwar ihre Selbstbesinnung anregen, aber sein Tadel hatte bei den widerspenstigen Söhnen keinen Erfolg.

3.1.4.2. Redeform des Tadels

Die mit לָמָּה eingeleitete pluralische Redeform wendet sich an die beiden Söhne. Es ist ein privates, intimes Gespräch eines Vaters mit seinen Kindern, deren Wege er mißbilligt und die er gern ändern möchte. Mit dem allgemeinen Verbum fragt Eli nach dem Grund ihres Verhaltens, das er - wie der Schlußsatz zeigt - mißbilligt. Das Imperf. drückt aus, daß ihr kritisierter Lebensstil noch kein Ende gefunden hat, und daß sie regelmäßig solche Verfehlungen begingen.

3.1.4.3. Lebensraum (Sitz im Leben) des Tadels

Zwar steht die Anrede im Plural, aber die Beziehung zwischen dem Sprecher und dem Zuhörer ist nicht öffentlich, sondern die private, intime Vater-Sohn-Beziehung. Weil der Sitz im Leben des Gesprächs weder der Kult noch das Gericht, sondern die Familie ist, ist die Atmosphäre vertraulich und pädagogisch.

3.1.4.4. Anlaß des Tadels

Den Anlaß zur Warum-Ihr-Frage Elis liefert das Unrecht seiner Söhne. Hinter dem falschen Verhalten der Söhne steht auch ihre Torheit: 1 Sam. 2,12: Sie waren mißratene Menschen und kümmerten sich nicht um den Herrn (1).

Daher sagt H.J. Stoebe, 109, daß "den Eliden diese Versündigung nicht zum Vorwurf gemacht wird". Aber es ist nicht klar, ob nur die Unterschlagung des Opfers die große Sünde vor Jahwe (17,25) ist oder nicht auch die Sünde des Schlafens mit sakralen Personen. Jedenfalls hat V. 22a im gegenwärtigen Zusammenhang eine Funktion, die Versündigung der Eliden zu betonen.

1 בְּנֵי בְלִיַּעַל "mißratene Menschen" oder "Nichtsnutze". Wie die Beispiele zeigen, gehört das Wort בְּלִיַּעַל zum weisheitlichen Sprachgebrauch: אָדָם בְּלִיַּעַל Spr. 6,12 Nichtsnutz עֵד בְּלִיַּעַל Spr. 19,28 nichtswürdiger Zeuge. Es scheint mir interessant zu sein, daß בְּלִיַּעַל in den Samuelbüchern wesentlich die Torheit bedeutet und die dummen Leute mit den klugen Menschen verglichen werden, d.h. Nabal, dessen Name selbst Tor bedeutet (נָבָל), war בֶּן בְּלִיַּעַל ein schlechter Mensch, 1 Sam. 25,17; dagegen war seine Frau Abigail טוֹבַת־שֶׂכֶל klug 1 Sam. 25, 3. In der Geschichte des Aufstandes Sebas, 2 Sam. 20,1-22, war Seba אִישׁ בְּלִיַּעַל ein nichtsnutziger Mensch, 2 Sam. 20,1, dagegen trat

Sie sind typisch dumme Söhne, weil sie nicht auf den Tadel ihres Vaters hörten (1).
Der Ungehorsam der Söhne Elis und Davids muß nach weisheitlichen Maximen beurteilt werden (2).

3.1.4.5. Funktion des Tadels

Die Funktion der vorwurfsvollen Frage Elis ist es, ihre Reflextion anzuregen, obwohl sie seinen Tadel abgelehnt haben.

3.1.4.6. Ziel des Tadels

Das Ziel der Frage ist klar: die Erziehung zum Besseren der Eliden.

3.1.5. Zusammenfassung

3.1.5.1. Redeform des Tadels

1) Der Tadel ist an den oben beschriebenen Stellen (1 Kön. 1, 6; Gen. 37, 10; Ex. 2, 20; 1 Sam. 2, 23) immer als Frage formuliert, wobei verschiedene interrogative Adverbien verwendet werden (1 Kön. 1, 6; מדוע gen. 37, 10: מה , Ex. 2, 20; 1 Sam. 2, 23: למה).

2) In dieser Frage wird die betroffene Person immer direkt angesprochen. Der Interrogativsatz enthält immer ein Verbum, das das Verhalten des Getadelten einer kritischen Bewertung unterzieht.

---

eine kluge Frau (אִשָּׁה חֲכָמָה) auf, 2 Sam. 20, 16, die "in ihrer Klugheit" (בְּחָכְמָתָהּ) die Stadt, 2 Sam. 20, 22 (vgl. Spr. 16, 27) rettete.
לֹא יָדְעוּ אֶת יְהוָה bedeutet: Sie haben den Willen Jahwes totgeschwiegen und handeln, ohne sich um ihn zu kümmern. Um es hart zu sagen, sie haben keine Furcht vor Jahwe gehabt.

1 1 Sam. 2, 25, vgl. Spr. 10, 1; 13, 1; 15, 5. 10; 17, 21. 15; 19, 13a. Wenn die Kinder nicht den Tadel ihrer Eltern hören, betrübt ihr Ungehorsam und Unglück die Eltern.

2 Die Erzählung der Geburt und des Erwachsenwerdens Samuels (1. 3a, 11-28; 2, 11; 18-22; 26; 3, 1-21) und der Sünde der Eliden (2, 12-17. 22-25) werden nebeneinander eingeordnet, damit der glanzvolle Erfolg der Erziehung des Samuel sich vom Mißerfolg bei Erziehung der Eliden besonders stark abheben kann.

3.1.5.2. Lebensraum (Sitz im Leben) des Tadels

Wer ist es, der redet? Wer sind die Zuhörer? Ein Vater redet mit dem Sohn (1 Kön. 1,6; Gen. 37,10), den Söhnen (1 Sam. 2,23) oder den Töchtern (Ex. 2,20). Der Sitz im Leben des Gesprächs ist weder der Kult noch das Gericht, sondern die Familie. Eine intime persönliche Beziehung besteht zwischen dem, der tadelt, und dem, der getadelt wird.

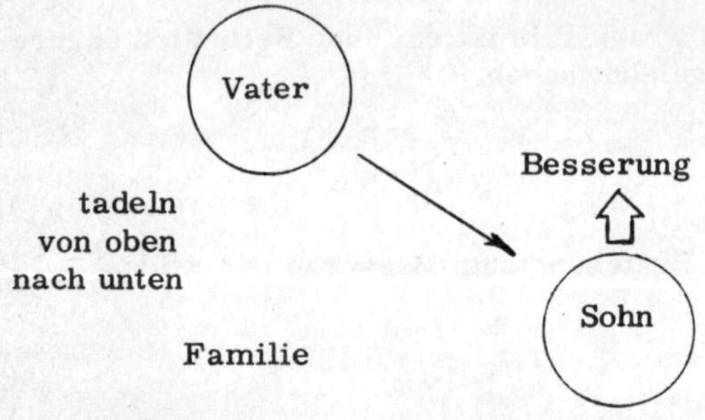

3.1.5.3. Voraussetzung des Tadels

Die Voraussetzung des Tadels ist die väterliche Liebe, also eine intime, persönliche Beziehung. Außerdem hat der Vater Autorität und Rechtsbewußtsein bei der Erziehung in Israel. Daher sind die Voraussetzungen des erziehenden Tadels Liebe und Autorität und Rechtsbewußtsein.

3.1.5.4. Anlaß des Tadels

Was wird von dem Tadler getadelt? Bei dem Getadelten wird ein unrechtes Verhalten getadelt, hinter dem Unwissen und Mangel an Einsicht liegen.

3.1.5.5. Funktion des Tadels

Was soll der Tadel bewirken? Der Getadelte soll angeregt werden, über sein schlechtes Verhalten nachzudenken. So hat der Tadel eine pädagogische Funktion.

3.1.5.6. Ziel des Tadels

Wozu tadelt man seine Kinder? Das Ziel des väterlichen Tadels ist die Besserung der Kinder.

3.2. Der Tadel Jahwes

Ich gehe nun zu Texten über, in denen Jahwe einen Tadel ausspricht.

3.2.1. Gen. 4, 6

Gen. 4, 6f.: "Da sprach Jahwe zu Kain: Warum bist du erzürnt, und warum ist dein Gesicht gesenkt?"
"Wenn du Gutes tust, so kannst du es erheben, nicht wahr? Wenn du aber nichts Gutes tust, so lagert (1) die Sünde vor der Tür, und nach Dir steht ihre Begierde. Du aber sollst sie beherrschen."

3.2.1.1. Zum Kontext

Weil Jahwe gnädig auf Abels Opfer, nicht aber auf das Kains sah, wurde Kain zornig und mißmutig (vgl. Jon. 4, 1 und S. 139, Anm. 2). Durch dieses Verhalten protestiert Kain gegen Jahwe, der Abel bevorzugte. (וַיִּחַר לְקַיִן מְאֹד וַיִּפְּלוּ פָּנָיו "daher wurde Kain sehr zornig und senkte sein Angesicht"). Darauf tadelt Jahwe Kain mit den Warum-Fragen (V. 6b) (2).

---

1 Es ist nicht notwendig nach G. von Rad, Genesis, 77, das ת von חַטָּאת zu רֹבֵץ ziehen und ein Impf. fem. תרבץ zu lesen. Das Maskulinum dominiert des öfteren über das Femininum. Vgl. GK §145 u. R. Meyer, Hebräische Grammatik III (1972), §94, 4g; C. Westermann, Genesis, 385. Man vermutet, daß die Worte und Wendungen in V. 6f. von anderen Stellen her aufgenommen wurden; d. h. V. 6b wiederholt 5b, indem die gleichen Worte in eine Frage umgestaltet werden. 7b formt 3, 16b in einen Du-Satz um. Weiter ist die moralische Warnung in einem solchen alten Text unwahrscheinlich. Nach C. Westermann (Genesis, 1-11, 407-410) ist das Gotteswort V. 6f. eine Hinzufügung, die wahrscheinlich aus einem theologischen Anstoß an der Kain-Abel-Erzählung entstanden ist: Kains Empörung besteht zu Unrecht. Gott hat ihn gewarnt und ihm einen Weg gezeigt, wie er die Sünde vermeiden kann. Kain ist ganz allein schuldig. Er allein trägt die Verantwortung für die folgende Tat. Im jetzt vorliegenden Text aber fungiert V. 6 als Tadel.

2 Diese Frage ist kein Verhör, weil das Verbrechen noch nicht begangen wurde. Vgl. 2. 7.

3.2.1.2. Redeform des Tadels

1) die beiden Fragen Jahwes, eingeleitet mit לָמָּה , möchten den Anlaß der seltsamen Veränderung aufdecken, die in Kain vor sich gegangen ist. Eine Veränderung, die sogar seine Gesichtszüge entstellt hat: חָרָה לְךָ (unter Ellipse von אַפְּךָ deine Nase) charakterisiert den Zorn Kains, seine jetzt sichtbare Erregung (Grundbedeutung: deine Nase ist dir heiß geworden = du bist zornig geworden), während der zweite Fragesatz nochmals die Entstellung der Physiognomie Kains unterstreicht.

2) Dieser Frage folgt sogar eine mit אִם eingeleitete, bedingte Unterweisung. Am Ende steht eine Mahnung, die Sünde zu beherrschen.

3.2.1.3. Anlaß des Tadels

1) Jahwe nimmt die sichtbare Zorneshaltung Kains zum Anlaß für die pädagogischen und seelsorgerlichen Fragen. Die vorwurfsvollen Fragen beinhalten, daß Kain sich falsch verhält.

2) Die bedingte Unterweisung (V. 7) ist eine Erklärung der Fragen und eine weitere Warnung an Kain, weil die Sünde in seinem Herzen gärt. Jahwe sorgt sich wie ein Vater um Kain, weil er keineswegs Kain abgeneigt ist, obwohl er sein Opfer nicht angenommen hat. Hinter dem Ärger Kains liegt sein Mangel an Einsicht in die freie Gnade Jahwes, die sich auch an Kain wendet (4,15). Obwohl die Sünde eine objektive Macht ist, die wie ein Tier vor der Tür lauert, ist sie kein unwiderstehlicher Dämon. Ob ein Mensch von dem gierigen Verlangen der Sünde erfaßt wird, hängt von seinem Verhalten und seiner Entscheidung ab.

3.2.1.4. Voraussetzung des Tadels

Jahwe redet Kain mit seiner väterlichen Liebe an und macht Kain auf den gefährlichen Zustand rechtzeitig aufmerksam (1). Dem Terminus (2) "Gutes tun" wird "die Sünde" gegenübergestellt. Es ist Kains eigene Aufgabe, die Sünde zu überwinden.

3.2.1.5. Funktion des Tadels

Die Funktion des Tadels in Form der vorwurfsvollen Frage wirkt pädagogisch zusammen mit der bedingten Unterweisung und Mahnung. Der Tadel

---

1 G. von Rad, a.a.O., 85 "Besonders eindringlich ist der Appell an das Einverständnis bei Kain ("nicht wahr!"). Gott kann also noch an die bessere Regung im menschlichen Herzen anknüpfen." Vgl. H. Heyde, Kain, der erste Jahwe-Verehrer (1965), 11f.

2 יטב Hi. inf. abs. הֵיטֵב bedeutet als Adverb "mit Recht". Vgl. Jon. 4,4.9

soll Kains Unmut kritisieren, indem er ihn

a) zur kritischen Reflexion über seinen Zorn anregt (V. 6b),
b) ihm ans Herz legt, das Gute zu tun (V. 7a) und
c) ihn zum Kampf gegen die Sünde mahnt (V. 7b).

3.2.1.6. Ziel des Tadels

Jahwe wendet sich dem zornentbrannten Kain in der Absicht zu, ihn durch eine Rüge zu bessern und sein Auge für die Gefahren der Sünde zu schärfen. Im jetzt vorliegenden Text ist der Tadel mit einer Mahnung verbunden, um Jahwes prädagogische Haltung besonders hervorzuheben.

3.2.2. 1 Sam. 16,1

V. 1: Und Jahwe sprach zu Samuel: "Wie lange gibst du dich der Trauer um Saul hin, während ich ihn schon verworfen habe, daß er nicht mehr König über Israel sei?
Fülle dein Horn mit Öl und gehe hin, ich sende dich zu Isai, dem Bethlehemiten, denn ich habe mir unter seinen Söhnen einen zum König ausersehen."

3.2.2.1. Zum Kontext

Bevor Samuel den Auftrag von Jahwe bekommt, einen neuen König in Israel zu salben, wird er von Jahwe getadelt, weil er zu lange (1) über den verworfenen König Saul getrauert hat.

3.2.2.2. Redeform des Tadels

Samuel konnte sich nicht sofort mit Jahwes Entschluß abfinden,(2) daß Saul von jetzt an verworfen sei.(3) Jahwe tadelt deshalb in der mit עַד־מָתַי (4) eingeleiteten Frage seinen Mangel an Einsicht und seinen Ungehorsam, die ihn so lange trauern ließen. Der Partizipialsatz beschreibt eine Dauerhandlung, die in der Vergangenheit begonnen hat und möglicherweise noch länger andauern kann.

---

1 1 Sam. 15,35
2 1 Sam. 15,10f.
3 In Jer. 16,5 wird Jeremia auch verboten, an der Trauer teilzunehmen.
4 Ein anderes Beispiel der von עַד־מָתַי eingeleiteten Frage als Tadel ist Spr. 6,9, wie wir erklären werden. Noch andere Beispiele werden in dem Abschnitt "Abgrenzung des Tadels" behandelt; vgl. 2.7.

3.2.2.3. Anlaß des Tadels

Der Anlaß für Jahwes Tadel liegt im Zorn und der Fürbitte Samuels, die Gottes Entschluß rückgängig machen will. Nach 1 Sam. 15, 11 "wurde Samuel zornig und schrie die ganze Nacht zu Jahwe (... וַיִּחַר לִשְׁמוּאֵל וַיִּזְעַק. Später "trauerte Samuel um Saul (1 Sam. 15, 35)". Samuel ergrimmte wie auch Kain (וַיִּחַר לְקַיִן מְאֹד Gen. 4, 5), als Jahwe sein Opfer nicht gnädig annahm.

Hinter der menschlichen Klage steht Einsichtslosigkeit und Ungehorsam gegen den Willen Jahwes. Tadel wendet sich nicht nur moralisch an das schlechte Verhalten des Menschen, sondern religiös an den Ungehorsam des Menschen.

3.2.2.4. Voraussetzung des Tadels

Samuels Einwand, Saul würde ihn töten, verwandelt Jahwe geschickt in eine Zustimmung. Darauf geht er zu Isai, um den ihm befohlenen Auftrag auszuführen.

Die Darstellung in 1 Sam. 16, 1-13 ist zwar dem Bericht von der Salbung Sauls (9, 1-10, 16) verwandt, aber die Stimmung ist hier viel pädagogischer gehalten als dort. Jahwe führt Samuel durch sein pädagogisches Gespräch so freundlich wie ein Lehrer; wie Jahwe die anderen Söhne Isais ablehnt, lehnt Samuel sie ab (V. 6-10). Dabei zeigt Jahwe auch den Maßstab der Ablehnung (1). Und weil ihm Jahwe den rechten Mann zeigt, salbt Samuel David (V. 12).

3.2.2.5. Funktion des Tadels

Das Ziel dieses Berichts ist klar die Salbung Davids und eine folgende Geistbegabung. Welche Funktion hat der Tadel Jahwes im Rahmen dieses Berichts? An Samuel wird die zu lange Teilnahme an der Trauer gerügt. Aber gleichzeitig folgt die pädagogische Unterweisung, nämlich der konkrete Befehl, David zu salben. Dann muß Samuel seinen Auftrag unter der Leitung und Belehrung Jahwes ausführen. Zum Gehorsam aufzufordern, ist ein anderer Aspekt der Funktion des Tadels.

---

1 H. J. Stoebe, 304. Nach Stoebe stammt die Sentenz (V. 7b) aus dem Weisheitsdenken und liegt direkt auf der Ebene volkstümlicher Sprichwörter. Prv. 15, 11; 16, 2; 21, 2; 24, 12. Aber die von Stoebe zitierten Beispiele in den Proverbien passen nicht. Vgl. H. W. Wolff, Anthropologie, 73. Nach H. J. Hermisson, Studien zur israelitischen Spruchweisheit: WMANT 28 (1968), 43, ist 1 Sam. 16, 7 ein echtes Sprichwort.

3.2.2.6. Ziel des Tadels

Jahwes Tadel beabsichtigt, Samuel aus dem Zustand der Trauer herauszureißen und ihn in das Licht seines neuen Erwählungshandelns zu führen.

3.2.3. Zusammenfassung (Gen. 4, 6; 1 Sam. 16, 1)

3.2.3.1. Redeform des Tadels

1) Wenn Jahwe den Menschen tadelt, geschieht dies ebenfalls in Form einer Frage, die mit den interrogativen Adverbien לָמָּה (Gen. 4, 6) oder עַד־מָתַי (1 Sam. 16, 1) eingeleitet wird.
2) Die Frage ergeht in direkter Anrede.
3) Der Gefragte wird durch das Verbum charakterisiert.

3.2.3.2. Sitz im Leben des Tadels

Wer ist es, der redet? Wer ist der Zuhörer?
Jahwe redet zum Menschen wie ein guter Vater oder ein guter Lehrer. Der Sitz im Leben des Gesprächs ist weder der Kult noch das Gericht, sondern bei Kain eine intime Beziehung zu Jahwe, bei Samuel ein besonderer Auftrag. Aber die beiden geraten in die Glaubenskrise.

3.2.3.3. Voraussetzung des Tadels

Die Voraussetzung des Tadels Jahwes ist die väterliche Liebe, also eine intime und persönliche Beziehung. Allerdings ist Jahwe zugleich die entscheidende Autorität. Er wacht auch über dem, was gut ist (Gen. 4, 7). Beim Tadel Jahwes ist die Voraussetzung Rechtsbewußtsein, Liebe und Autorität.

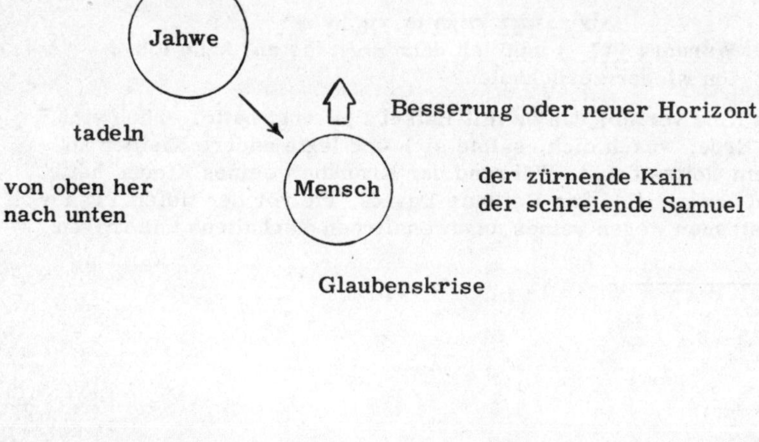

3.2.3.4. Anlaß des Tadels

Was wird getadelt? Beim Getadelten wird ein im religiösen Sinn unrechtes Verhalten gerügt: Zorn (Kain), Schreien (Samuel). Hinter der Verzweiflung des Menschen liegt Unwissen und mangelnde Einsicht in Jahwes Willen.

3.2.3.5. Funktion des Tadels

Was soll der Tadel bewirken? Der Getadelte soll angeregt werden, über sein schlechtes Verhalten nachzudenken. Nach der Unterweisung Jahwes soll er sich gehorsam verhalten. Indem die Unterweisung dem Tadel hinzugefügt wird, ist die Funktion des Tadels Jahwes stärker theologisch erweitert als der einfache moralische Tadel eines Vaters gegenüber seinen Kindern.

3.2.3.6. Ziel des Tadels

Wozu tadelt Jahwe den Menschen? Das Ziel des Tadels Jahwes besteht darin, den Menschen zur Besserung (Gen. 4,6f.) oder zu einer neuen Einsicht und Erkenntnis (1 Sam. 16,1) zu führen.

Exkurs I Die Struktur der Gegenfrage

Um auf die Fragen zu antworten, warum Jahwe Jeremia, Hiob und Jona mit einer Gegenfrage tadelt und welche Funktionen die Gegenfrage hat, sollen auch die entsprechenden Beispiele in den Erzählungen erörtert und ihre Struktur erklärt werden. Dabei wird es einleuchten, daß die Funktion der Gegenfrage nach der Stellung der Fragenden in den einzelnen Situationen variiert.

2 Sam. 12,23: לָמָּה זֶּה אֲנִי צָם הַאוּכַל לַהֲשִׁיבוֹ עוֹד
"Warum (לָמָּה) muß ich denn noch fasten, kann ich ihn wieder zurückholen?"

Als David sein Kind verlor, das er mit Batseba gezeugt hatte, erhob sich David von der Erde, wusch sich, salbte sich und legte andere Kleider an und aß nach dem Gottesdienst. Während der Krankheit seines Kindes hatte er gefastet und geweint (1). Die Hofleute Davids, die vor der tiefen Trauer Angst haben, staunen wegen seines ungewöhnlichen Verhaltens und fragen

---

1 2 Sam. 12,15-23.

David empört: "Was (מַה) ist denn das, was du gemacht hast? (V.21)" (1)
מַה־הַדָּבָר אֲשֶׁר עָשִׂיתָה

Die oben genannten Gegenfrage Davids (V.23) ist die Antwort auf diese halb erstaunte, halb vorwurfsvolle Frage der Hofleute (V.21), obwohl die Form der Gegenfrage keine direkte Anrede ist. H.J. Boecker versteht ihre Funktion als Abwehr und Rechtfertigung des Verhaltens Davids und beurteilt diese Redeform als vorgerichtliche Beschwichtigungsrede (3). Er übersieht aber eine andere Funktion: David belehrt seine Diener als König über ihren Mangel an Einsicht. In V.22 denkt er, daß Jahwe sich vielleicht über sein Kind erbarmt. Er versucht durch Gebet und eine demütige Haltung abzuwenden, daß er sein Kind hergeben muß. Aber die Sühne für seine Sünde war von Jahwe her notwendig. Indem Jahwe das Kind als Opfer annimmt, ist die Spannung zwischen Jahwe und David beseitigt. David ist von Jahwe gezüchtigt worden (3).

Die Gegenfrage Davids ist nicht in offiziellem Ton, sondern in alltäglicher, familiärer Sprache gestellt. Wenn David als König, der eine höhere Stellung als die Hofleute einnimmt, dem Fragenden mit einer Gegenfrage antwortet, wirkt diese Gegenfrage pädagogischer als jede andere Disputation, die zwischen konsitutiv gleichen Partnern stattfindet, wie wir später zei-

1) Ablehnung des Einwandes
2) Verteidigung
3) Belehrung

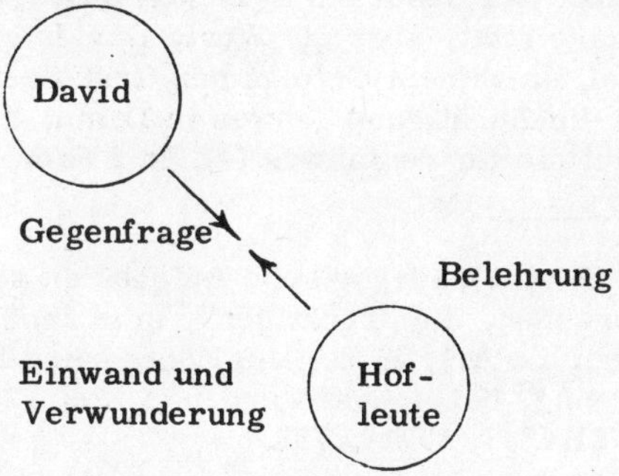

1 Ob diese Frage nur Erstaunen der Hofleute ausdrückt oder ob sie eine vorwurfsvolle Frage ist, läßt I. Lande, 100, unentschieden. Aber H.J. Boecker, 27, beurteilt diese Frage der Hofleute als eine in der vorgerichtlichen Auseinandersetzung beheimatete Form, deren Inhalt als Empörung zu bezeichnen ist. "Man darf sich eben nicht, auch wenn man König ist, über die festen Gesetze der Sitte einfach hinwegsetzen."

2 H.J. Boecker, 27.

3 Vgl. 2 Sam.7,14; vgl. H.W.Hertzberg, Samuel, 254.

gen werden (1). Weil die Redeform nicht direkte Du-Anrede ist, wirkt seine Frage nicht so aggressiv. Trotzdem lehnt David schließlich den fragenden Einwand der Hofleute ab (2).

In 2 Sam. 16,10 und 19,22 finden sich sehr ähnliche Gespräche. Aber wenn man diese Texte genau untersucht, bemerkt man Unterschiede. David antwortet mit der direkten, anredenden Frage auf Abisai.

2 Sam. 16,10: Was habe ich mit euch zu tun, ihr Söhne der Zeruja? Laß ihn doch fluchen! Wenn Jahwe ihn geheißen hat: "Fluche David", wer kann fragen, warum hast du so etwas getan? (מַדּוּעַ עָשִׂיתָה כֵּן).

Zwar ist in der Antwort Davids (V. 10b) eine vorwurfsvolle Frage wie 1 Kön. 1,6 eingeschlossen, aber sie ist keine direkte Anrede an Simei, sondern wird in der indirekten Rede an Abisai formuliert. Die Frage, "was habe ich mit euch zu tun"? bedeutet nicht einen Tadel, sondern nur ein starke Ablehnung (3). David will den Vorschlag Abisais, daß er ihm erlaube, den fluchenden Simei zu töten, scharf ablehnen. Abisais Frage ist auch keine direkte Anrede an David, sondern eine empörte Frage: "Warum darf dieser tote Hund meinen Herrn, den König, verfluchen?" Darauf folgt sein Genehmigungsantrag: "Laß mich doch hinübergehen und ihm den Kopf abschlagen!" Zwar findet das Gespräch zwischen David und Abisai in sehr gespannter Atmosphäre statt, aber die Worte Davids sind auch hier pädagogischer Natur, weil er seinem Gefolge den Grund seiner Demut darlegt (V. 11f.). Er nimmt die Züchtigung Jahwes in Demut an, hofft auf die Zukunft und vertraut auf die Gnade Jahwes (4). In 2 Sam. 19,21-12 verläuft

---

1 Der König hat auch eine pädagogische Aufgabe an seinen Hofleuten zu erfüllen. Die Personen, die "züchtigen", sind zunächst die Eltern und Weisen, aber auch die Art, in der ein König seine Herrschaft ausübt, kann als "Züchtigung" bezeichnet werden (1 Kön. 12,11.14). Vgl. M. Soebø, יסר : THAT I (1971), 739.

2 Als Jahwe Jeremia, Hiob und Jona tadelte, verteidigte er sich nicht oder legte Rechenschaft über sein Verhalten ab.

3 Die Redewendung מַה־לִּי וָלָךְ oder מַה־לִּי וְלָכֶם ist ein Ausdruck der starken Verneinung und schafren Ablehnung. I. Lande, 99. Vgl. 2 Sam. 19,22 und dazu Jos. 22,24; Ri. 11,12; 1 Kön. 17,18; 2 Kön3,13. τί ἐμοὶ καὶ σοί entspricht in der Struktur dem Hebräischen מַה־לִּי וָלָךְ. Die griechische Wendung ist ein Semitismus im NT (Mt 8,29; 27,19; Lk. 5,8; Joh. 2,4) und geht auf eine entsprechende aramäische Redensart zurück (cf. die syrische Bibelübersetzung zu den betreffenden Stellen, sowie der Targum zum AT). Im Arabischen gibt es die gleiche Konstruktion (vgl. W. Wright, A Grammar of the Arabic Language II, ^{3}1898 = ^{8}1964, §38).

4 H. W. Hertzberg, a.a.O., 284. Es ist interessant, daß Davids Interpretation seiner Not und Zukunft ganz ähnlich wie die Gedanken in Klgl. 3,26-33 ist. Nach Klgl. 3,1 trifft den Dichter auch die Rüge Jahwes.

das Gespräch zwischen David und Abisai noch schärfer als in 2 Sam. 16, 10.

2 Sam. 19, 22: מַה־לִּי וְלָכֶם בְּנֵי צְרוּיָה כִּי־תִהְיוּ לִי הַיּוֹם לְשָׂטָן

"Was habe ich mit euch zu tun, ihr Söhne der Zeruja, daß ihr mir heute zum Gegner werden wollt?"

Diese Frage Davids ist eine Gegenfrage auf die Anklage Abisais gegen Simei, der versucht, seine Schuld zuzugeben und seine Loyalität unter Beweis zu stellen (V. 20f.). Abisai erhebt gegen Simei Anklage vor David (1): "Soll Simei nicht dafür getötet werden, daß er den Gesalbten Jahwes verflucht hat?" (V. 22). Dagegen antwortet David mit der Gegenfrage: מַה־לִּי וְלָכֶם בְּנֵי צ׳, die aus schärfster Ablehnung und einem Tadel besteht, der Abisai und seine Brüder als Gegner bezeichnet (כִּי־תִהְיוּ לִי הַיּוֹם לְשָׂטָן)(2). Dieser Satz macht klar, daß das Eingreifen Abisais gegen den Willen Davids geschieht und daß seine Feindschaft gegen Simei als Unrecht von David getadelt wird. Abisai soll nachdenken, warum David ihn einen Gegner nannte. Der König versäumt es nicht, ihm eine Erklärung dafür zu geben, indem er seinen Tadel begründet und ihn belehrt (V. 23b): David will heute niemanden töten, weil er wieder die Stellung eines Königs einnehmen darf und die früheren Feinde amnestieren will, um sein Königtum zu sichern. Das mußte Abisai gelehrt werden.

Anlaß zur Gegenfrage gegen die Grausamkeit der Söhne der Zeruja (3) und der Mangel an Einsicht Abisais, was den Willen Davids betrifft. Abisais unbesonnenes Eingreifen wird von David getadelt. Die Gegenfrage bringt Davids pädagogisches Anliegen klar zum Ausdruck, indem sie einerseits den schlechten Vorschlag Abisais ablehnt und andererseits einsichtslose Menschen belehrt. Wie ein Erzieher führt David die unbesonnenen Hofleute zu neuer Einsicht (4).

In diesen drei Beispielen wird der wichtige Charakter der Gegenfrage klar; die Hofleute, deren Stellung niedriger als die des Königs ist, werden aufgefordert, ihren Standpunkt mit dem Davids zu vertauschen:

1) die Fragenden werden plötzlich in die Rolle der Gefragten gedrängt,

---

1 H. J. Boecker, 79, erklärt diese Anklage Abisais als Gerichtsredeform.

2 Vgl. Mk. 8, 33; Mt. 16, 23: Jesus schilt Petrus und nennt auch ihn Satan! Mk. 8, 33: ὁ δὲ ἐπιστραφεὶς καὶ ἰδὼν τοὺς μαθητὰς αὐτοῦ ἐπετίμησεν Πέτρῳ καὶ λέγει· Ὕπαγε ὀπίσω μου, σατανᾶ, ὅτι οὐ φρονεῖς τὰ τοῦ θεοῦ ἀλλὰ τὰ τῶν ἀνθρώπων.
Wie in 2 Sam. 19, 23 bezeichnet Jesus Petrus zuerst als Satan und begründet anschließend sein hartes Wort.

3 Vgl. 2 Sam. 3, 24-27; 18, 14f.; 20, 8-13.

4 Im Grunde schlägt David "zwei Fliegen mit einer Klappe", er belehrt nicht nur Abisai, sondern indirekt durch seinen Großmut auch Simei (V. 24), der ihn einen Blutmenschen (אִישׁ הַדָּמִים 2 Sam. 16, 7f.) genannt hatte.

2) ihr Einwand oder Eingreifen wird abgelehnt oder übergangen (1),
3) sie müssen schließlich ihren eigenen, engen Horizont erweitern,
4) sie werden zu neuer, tieferer Einsicht geführt.

In diesem Gespräch kann der, der die höhere Stellung einnimmt und die Gegenfrage stellt, seine Ansicht durchsetzen, wenn er nur eine glaubwürdige Autorität und wahre Einsicht hat (2).
Wenn ein König keine wahre Autorität hat und seine Hofleute tadeln will, hat er keinen Erfolg. Einwände der Hofleute führen zu zwecklosen und unergiebigen Disputationen.

2 Sam. 3, 8: "Bin ich ein jüdischer Hundskopf? Heute noch tue ich Liebe dem Haus deines Vaters, deinen Brüdern und deinen Freunden an, ohne daß du in die Hand Davids gerätst. Trotzdem machst du mir jetzt wegen der Frau Vorwürfe?" (3)

Diese Gegenfrage Abners wendet sich gegen die vorwurfsvolle Frage Isbaals, des Königs von Israel. Isbaal macht Abner Vorwürfe: "Warum hast du dich der Nebenfrau meines Vaters genaht?" (V. 7). Aber diese Frage reizt Abner zum Zorn. Abners Gegenfrage bedeutet ein völliges Übergehen des Vorwurfs, den der König vorbrachte. Obwohl Isbaal im Recht ist, hat er keine Autorität über Abner, weil er nur ein Marionettenkönig ist (4). Abner dreht den Spieß gegen Isbaal um und verläßt ihn (5). Aber Isbaal kann Abner kein Wort erwidern, weil er sich vor ihm fürchtet. Sie gehen keinen Kompromiß ein. Die Situation ist genauso wie bei Mose.

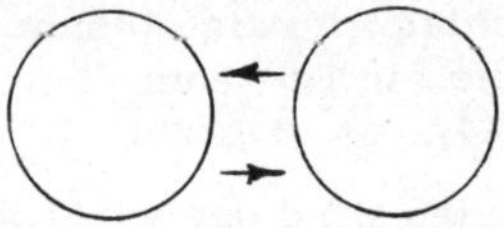

---

1 In 2 Sam. 12, 23, wo David nur versucht, sein Verhalten zu verteidigen, ist die Gegenfrage keine direkte Anrede, so daß die Wirkung schwächer ist als bei den anderen zwei Beispielen 2 Sam. 16, 10; 19, 22.

2 Ohne Widerrede fügt sich Abisai dem König, dessen Autorität und Rechtsbewußtsein voll akzeptiert wird. Am Anfang seiner Herrschaft fürchtete David noch, daß die Söhne der Zeruja sich gegen ihn selbstherrlich benehmen und seine Anweisungen mißachten würden (2 Sam. 3, 39).

3 "Du machst Vorwürfe" תִּפְקֹד bestimmt die mit מַדּוּעַ eingeleitete Frage Isbaals als Vorwurf. Jepsen hat dies übersehen. Vgl. a. a. O., 106-113.

4 2 Sam. 2, 8-10.

5 V. 9. 10.

Ex. 2,14: "Wer hat dich zum Obersten und Richter über und bestellt?
Gedenkst du, mich zu töten, wie du den Ägypter getötet hast?"

Das ist der Gegenschlag eines Hebräers, der im Unrecht ist gegen Mose, der zwei streitende Hebräer sieht und zu dem, der Unrecht hat, sagt: Warum schlägst du deinen Genossen? Aber Mose hat noch keine Autorität, die von allen Hebräern anerkannt wird, weil er noch nicht von Jahwe berufen ist. Vielmehr erliegt er diesem scharfen Gegenangriff, so daß er aus Furcht vor dem Pharao aus Ägypten flieht. Weil es dem Mose an der nötigen Voraussetzung fehlt, kann er den, der Unrecht tut, nicht erfolgreich tadeln, sondern muß in dieser Disputation durch den Gegenangriff eine schändliche Niederlage erleiden (1). Im Gegensatz zum Beispiel Davids kann man hier beobachten, daß die Gegenfrage die wichtige Funktion hat, den anderen zum Schweigen zu bringen, wenn ihm die nötige Voraussetzung, z. B. Autorität, Einsicht usw. fehlt.

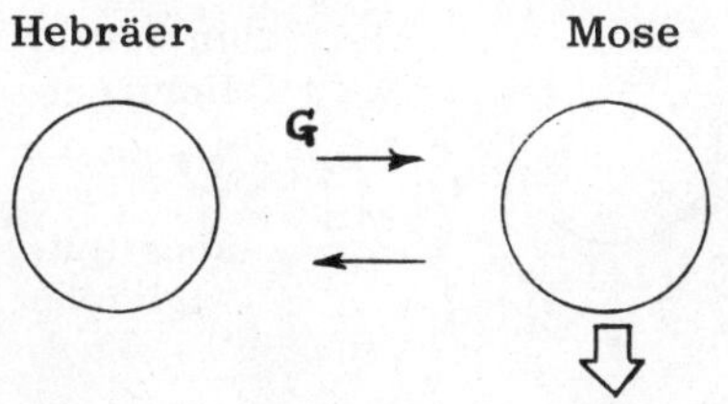

Zusammenfassung

Wenn zwei Partner, die konstitutive Gleichheit haben, miteinander streiten, wird aus dem Gespräch eine Disputation. Dabei hat die Gegenfrage keine pädagogische Funktion. Aber wenn einer eine wahre Autorität gegenüber einem anderen hat, kann seine Gegenfrage eine erfolgreiche pädagogische Funktion für den anderen Partner haben. Um den Einwand abzulehnen, kann

---

1 Obwohl bei dem Streitgespräch der Freunde Hiobs sich pädagogische Anreden, z. B. bei Eliphas' Reden, finden, fehlt es den Freunden an wahrer Einsicht darüber, warum Hiob leidet. Daher können sie Hiob nicht überzeugen, und dann werden sie in die erfolglose Disputation hineingezogen.
Ri. 8,1-2: Gideon fehlt es wie David an Autorität. Daher kann er nicht wie David den Einwand der Ephraimiten widerlegen, sondern er muß sich bemühen, die Tragweite seines Tuns abzuschwächen. "Was habe ich schon getan, verglichen mit euch? Ist nicht die Nachlese Ephraims besser als die Lese Abiesers?" (V. 2).
Ähnlich gelingt es Jephta nicht (Ri. 12,2f.), die Ephraimiten durch seine Gegenfrage und die vorausgehende Begründung seines Verhaltens zu beschwichtigen: "Aber warum zieht ihr heute gegen mich heran, um wider mich zu kämpfen?" Er muß Ephraim im Kampfe schlagen (V. 4-6).

die Gegenfrage von oben nach unten einen großen Erfolg bedeuten. Das hängt von der konstitutiven Ungleichheit ab. Der Gefragte braucht nicht über sein Verhalten Rechenschaft abzulegen.

Mit der Gegenfrage wird der Fragende in die Rolle des Gefragten versetzt, so daß er nun selbst gezwungen ist, über sein eigenes Verhalten nachzudenken und seinen vorgebrachten Einwand zurückzunehmen (1).

Wenn der höhergestellte Partner eine pädagogische Absicht hat, kann er den niedriger gestellten Partner zu neuer Einsicht führen und ihm ein noch weiteres Gesichtsfeld eröffnen (2). Vermutlich wurde die Gegenfrage von dem Lehrer als eine pädagogische Methode benutzt, um seine Schüler zu unterweisen.

konstitutive Gleichheit

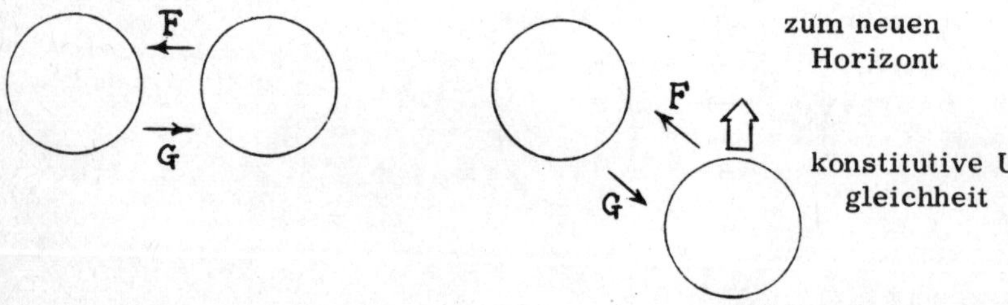

1 Diese dramatische Umkehrung der Position des Fragenden ist erfolgreich sowohl beim Tadel Jahwes gegen Jeremia, Hiob und Jona, als auch in der Redeform der Gegenfrage bei Deuterojesaja 40,27ff.

2 Diese Funktion der Gegenfrage ist sehr wichtig, wenn man den Grund verstehen will, warum auch die Jahwereden die gleiche Struktur (Frage und Gegenfrage) aufweisen.

Viertes Kapitel

DER TADEL IN DEN SPRÜCHEN

Es stellt sich heraus, daß der Tadel im strengen Sinne eine didaktische Gattung ist, wie wir oben beobachtet haben. Ich fand nun, daß der Tadel auch als Bestandteil anderer Gattungen vorkommt: Innerhalb des Rahmens der Mahnrede wird der Tadel als ein Glied gebraucht, das organisch mit anderen Gliedern verbunden ist.

4.1. Spr. 5,20

Spr. 5,20: וְלָמָּה תִשְׁגֶּה בְנִי בְזָרָה וּתְחַבֵּק חֵק נָכְרִיָּה
"Warum denn berauscht du dich, mein Sohn (1), an einer anderen Frau, und warum umarmst du den Busen des fremden Weibes?"

4.1.1. Redeform des Tadels

Der Weisheitslehrer tadelt seinen Schüler, indem er ihn in Form einer Frage anredet und ihn wie ein Vater liebevoll בְּנִי nennt. לָמָּה leitet einen Fragesatz im synonymen Parallelismus ein, dessen Verba ein anschauliches Bild der Leidenschaft vermitteln, die den בֵּן befallen hat. Das Tempus des Verses ist nicht das Perfekt, sondern das Imperfekt: תְּחַבֵּק / תִשְׁגֶּה. Aber zwei Punkte müssen im Vergleich zum Tadel in den Erzählungen beachtet werden:

1) Wenn der Tadel im Tempus des Perfekts steht, wird das vergangene unrechte Verhalten getadelt (2).

---

1 בְּנִי mein Sohn, bedeutet nicht die Anrede des Vaters an seinen Sohn, sondern die Anrede des Weisheitslehrers an den Schüler. Vgl. B. Gemser, 21.

2 Perfekt: 1 Kön. 1,6; Ex. 2,20; Gen. 4,6. Impf.: 1 Sam. 2,23; 2 Sam. 19,22. Sowohl das Impf. in 1 Sam. 2,23 als auch das Partizip in 1 Sam. 16,1 bedeutet ein sich jetzt noch wiederholendes und andauerndes Verhalten. vgl. R. Meyer, Hebräische Grammatik III (3 1972), §100,2b. In 2 Sam. 19,22f. tadelt David heftig Abisais Vorschlag. Das Impf. deutet an, daß Abisai und seine Brüder noch keinen Gesinnungswandel vollzogen haben. Nach 1 Kön. 1,6 hätte David öfters Adonia zurechtweisen sollen. Das Perf. fragt in מדוע ככה עשית nach dem Anlaß einer Handlung, die bereits stattgefunden hat.

Hier in Spr. 5,20 wird der Schüler vom Lehrer mit der Frage getadelt, in der das Verbum im Imperfekt steht, Das bedeutet, daß die jungen Schüler zu wiederholten Malen zu anderen Frauen gehen und daß diese unrechte, sich immer wiederholende Tat getadelt wird (1).

2) Formgeschichtlich steht diese Frage als ein Glied im Rahmen einer langen Mahnrede. Aber V. 15-20 kann als eine Einheit behandelt werden (2). Diese Einheit trägt einen viel rhetorischeren Charakter als das einfache Gespräch in der Erzählung. Obwohl die Redeform von V. 20 wie der Tadel in den Erzählungen eine direkte Anrede darstellt, wird die Funktion in dieser Gattung etwas verändert, wie wir unten noch sehen werden.

4.1.2. Anlaß des Tadels

Wir wollen zuerst den Anlaß betrachten. Wenn man V. 20 im Zusammenhang mit V. 19 versteht, bedeutet V. 20: Deine Frau ist eine gute Frau, nicht wahr? Freue dich an der Frau deiner Jugend! Ach, aber warum denn berauschst du dich, mein Sohn, immer wieder an einer anderen Frau? Das ist unrecht! Daher ist der Anlaß, der zur vorwurfsvollen Frage führt, die Untreue gegen seine Frau und seine Torheit, sich einen solchen unnötigen Ehebruch zuschulden kommen zu lassen (3).

---

1 Im Imperfekt in den Provervien vgl. J. Schmidt, Studien zur Stilistik der Alttestamentlichen Spruchliteratur (1936), 48f. "Die Verfasser der atl. Spruchliteratur drücken also durch das 'Wie' eine Tatsache aus." (49).

2 Spr. 5 besteht aus: Allgemeiner Anrede 1.2, Hauptteil 3-6, 7-14, 15-20, redaktioneller Zusatz 21-23. V. 15-20 ist der Kern dieses Kapitels; ihm entspricht das siebente Gebot (Ex. 20,14). Obwohl G. von Rad, Weisheit, 15-23 als eine Einheit behandelt, ist es klarer, V. 20 im Zusammenhang mit V. 19 zu lesen. In der Einheit 5,15-20 finden sich Anruf: mein Sohn (V. 20, vgl. 1,7); und konkrete Befehle: z. B., Trink Wasser aus deiner Zisterne (V. 15); Freue dich der Frau deiner Jugend (V. 18b, vgl. Pred. 9,9). Der Tadel (V. 20) wird in der Mahnrede mit diesen Elementen verbunden.

3 H. W. Wolff, Anthropologie, 249f.: "Wie unendlich entfernt von jeder Verteufelung der Sexualität sind solche Sätze! Und wie deuten sie zugleich die Sinnlosigkeit eines Partnerwechsels an! Altwerden mit der Geliebten aus Jugendtagen, nur das bringt wahrhaft wachsenden Genuß in immer neuen Bezügen und Umständen."

4.1.3. Sitz im Leben

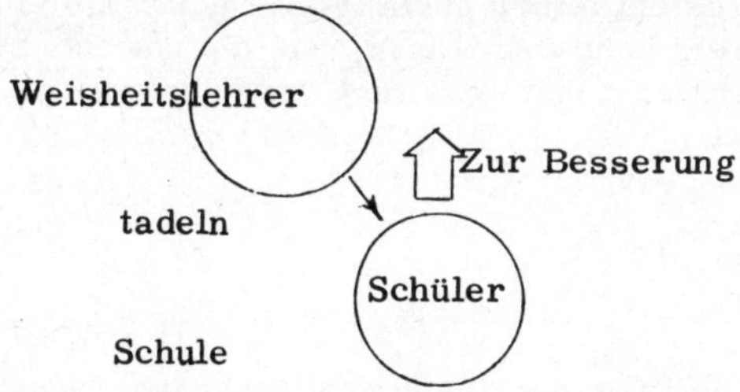

Obwohl Spr. 1-9 Weisheitsgedichte sind, die zu einem späteren Stadium gehören, kann als Sitz im Leben das pädagogische Gespräch zwischen Lehrer und Schüler, bzw. die Schule, hinter der rhetorisch gewordenen Frage vermutet werden (1). Der Lehrer tadelt den Schüler mit der Warum-Frage. Daher kann man vermuten, daß ein Weisheitslehrer in der Schule tatsächlich den Tadel in Verbindung mit Anrede, Mahnung, Warnung und Zusage benutzte, obwohl diese Einheit einen viel rhetorischeren Charakter trägt als ein alltägliches Gespräch.

4.1.4. Voraussetzung des Tadels

Voraussetzungen des Tadels des Weisheitslehrers sind Liebe (mein Sohn! V. 20), Autorität (vgl. V. 21) und Rechtsbewußtsein (vgl. Ex. 20,14).

4.1.5. Funktion des Tadels

Die Funktion von V. 20 besteht darin, durch die Warum-Frage zuerst die unrechte Tat zu rügen; zweitens das Nachdenken anzuregen, wie groß beim Schüler der Mangel an Zucht und Einsicht und wie unsinnig der Ehebruch ist.

---

1 Gegen H. J. Hermission, Studien zur israelitischen Spruchweisheit (1968), 126. Dort urteilt er, daß die im Proverbienbuch vorkommenden Fragen von vornherein rhetorischer Art sind und mit der Situation, in der ein Lehrer den Schüler abfragt, nichts zu tun haben. Er führt als Beispiele an: Spr. 1,22; 5,20; 6,9; 8,1; 17,16; 20,9; 23,29; 24,12; 27,4; 30,9; 31,2.10. Aber wie wir oben schon gesehen haben, können wenigstens zu 5,20; 6,9 viele Parallelen im Pentateuch und in den Geschichtsbüchern gefunden werden. Die hochgespannte dichterische Rhetorik wäre kein Hindernis, diese Frage als ausgesprochenen Tadel aufzufassen. Vgl. G. von Rad, Weisheit, 158.

Die andere Funktion der vorwurfsvollen Frage von V. 20 besteht darin, daß die Mahnung in rhetorischer Hinsicht feiner gestaltet wird, um sie eindrücklicher zu machen (1). Gleichzeitig kann man sagen, daß die positiv erziehende Wirkung des Tadels noch verstärkt und erweitert wird, indem der Tadel mit der Mahnrede verbunden ist.

4.1.6. Ziel des Tadels

Das Ziel ist klar: Der Schüler soll vor der Sünde des Ehebruchs bewahrt werden; sein Lebenswandel wird besser, wenn der Lehrer dem Schüler die wahre Weisheit gibt.

4.2. Spr. 6,9 a

Spr. 6,9: עַד־מָתַי עָצֵל תִּשְׁכָּב מָתַי תָּקוּם מִשְּׁנָתֶךָ

"Wie lange, Fauler, liegst du noch schlafend.
Wann willst du von deinem Schlaf aufstehen?"

4.2.1. Redeform des Tadels

Die Frage in V. 9a stellt einen Tadel dar, der durch עַד־מָתַי eingeleitet wird (2). Er wendet sich direkt an den Angesprochenen, der durch den Vo-

---

1 G. von Rad bemerkt, daß die Allegorie V. 15-18 die Funktion hat, die Mahnung rhetorisch feiner zu gestalten, um sie eindrücklicher zu machen. G. von Rad, Weisheit, 66. M. E. ist die Funktion von V. 15-18a die gleiche wie die andere Funktion des Tadels.

2 Die Wie-lange-Frage wird eingeleitet durch מָתַי (Ps. 42, 3), עַד־מָתַי (Ex. 10, 3; 1 Sam. 16, 1; 1 Kön. 18, 21; Ps. 6, 4; 74, 10; 80, 5; 90, 13; 94, 3; Spr. 1, 22; 6, 9; Jer. 12, 4); עַד־מָה (Nu. 24, 22; Ps. 4, 3; 79, 5; 89, 47), עַד־אָנָה (Ex. 16, 28; Hi. 18, 2; 19, 2; Ps. 13, 2f.), עַד־אָן (Hi. 8, 2). Wir behandeln nur die Stellen Spr. 5, 20; 6, 9a als einen Tadel innerhalb anderen Gattungen. Spr. 1, 22 ist etwas anders als 5, 20; 6, 9a, weil hier nicht mehr eine persönliche Anrede, sondern eine offizielle Predigt vorliegt, und weil die Zuhörer die Leute vor dem Tor sind. Die anderen Fragen sind Vorwürfe oder Provokationen. In Ps. 82, 2 begründet der Tadel, als Frage mit עַד־מָתַי formuliert, die Mahnung. Vgl. H. Gunkel, Psalmen, 362, J. Jeremias, Kultprophetie und Gerichtsverkündung in der späten Königszeit Israels: WMANT 35 (1970), 122.

kativ als עָצֵל charakterisiert wird. V. 9b fragt nach dem Ende des in 9a geschilderten Zustandes (1). Formgeschichtlich steht diese Frage auch in der Mahnrede 6, 6-11, die sich auf die Naturweisheit bezieht, in der die Tierwelt beobachtet wird.

4. 2. 2. Anlaß des Tadels

Als Hintergrund der Darstellung vermutet man das Ackerleben, wie Spr. 24, 30-34. Dort wird das verwüstete Feld des Faulen ohne Bezug auf die Ameise betrachtet. Die Untugend der Faulheit wird von den Weisen immer wieder angeprangert (2). Übermäßiger Schlaf ist eines der wesentlichen Merkmale der Faulheit (3). Die Faulheit gibt Anlaß zur Wie-lange-Frage.

4. 2. 3. Sitz im Leben des Tadels

G. von Rad sagt (4): "Hinweis auf das Tier als Vorbild für besondere menschliche Tugenden - dies allbekannte Requisit moralischer Unterweisung - hatte auch in der Pädagogik Israels und vor allem in der des alten Ägyptens seine Funktion ('Gehe hin zur Ameise, du Fauler ...', Prv. 6, 6ff.)" ... "Hat diese besondere Offenheit für die Wirklichkeit nicht auch eine Entsprechung in dem Realismus so vieler alttestamentlicher Erzählungen? Fragt man nach der konkreten Abzweckung solcher Tierschilderungen, also nach ihrem Sitz im Leben, so wird man doch wieder an die Schule zu denken haben."
Wenn man dieses etwas lange Zitat kurz zusammenfaßt, kann man sagen, daß diese Mahnrede mit ihrer Redeform des Tadels auch ihren Sitz im Leben in der Schulweisheit hat.

---

1 Der Schlaf ist häufig ein Synonym für Untätigkeit. Wird der Tatbestand des "Schlafens" gerügt oder beklagt, gebraucht man das Impf., da es ein Vorgang ist, der in der Vergangenheit begonnen hat, aber jetzt noch andauert (R. Meyer, Hebräische Grammatik III, [3]1972, §100, 2b). In Ps. 44, 24 z. B. will der Psalmist Jahwe provozieren, ihm durch sein Eingreifen zu helfen: "Wach auf! Warum schläfst du, o Herr?" (עוּרָה לָמָּה תִישַׁן אֲדֹנָי).

2 Spr. 10, 26; 11, 29; 13, 4; 15, 19; 18, 9; 19, 1f; 24; 20, 4. 13; 21, 25; 22, 13; 24, 30-34; 26, 13-16. Nach B. Gemser, 39, "neigt der Orientale zu diesem Übel infolge von Klima, Anlage und Nachwirkung der nomadischen Lebensweise nur allzusehr".

3 H. W. Wolff, Anthropologie, 193f; vgl. 19, 15; 20, 13; 24, 33.

4 G. von Rad, Weisheit, 157.

4.2.4. Voraussetzung des Tadels

Als eine Voraussetzung des Tadels kann Rechtsbewußtsein neben Liebe und Autorität des Weisheitslehrers nicht übersehen werden.

4.2.5. Funktion des Tadels

Die Funktion ist die gleiche wie in Spr. 5,20: Die Untätigkeit des Faulen wird gerügt, um ihn anzuregen, über seine Faulheit nachzudenken. Die Gefahr der Trägheit und des Schlafes wird ihm deutlich vor Augen geführt: "die Armut kommt über dich wie ein Räuber (V. 11)". Daneben gibt es noch die andere Funktion, nämlich die Mahnungen (V. 6) zu betonen und sie eindrücklicher zu machen.

4.2.6. Ziel des Tadels

Das Ziel ist es, dem Faulen zu einem besseren Lebenswandel zu verhelfen.

4.3. Zusammenfassung

4.3.1. Lebensraum (Sitz im Leben) des Tadels

Es scheint mir wichtig zu sein, daß sich die Redeform des Tadels nicht nur in Erzählungszusammenhängen, sondern auch in den Mahnreden der Proverbien findet. Das bedeutet, daß der Weisheitslehrer den Schüler auf pädagogische Art tadelt - wie der Vater in der Familie den Sohn zurechtweist. Und zwar ist es formgeschichtlich wichtig, daß die Warum-Frage und die Wie-lange-Frage sowohl zwischen Vater und Sohn wie zwischen Weisheitslehrer und Schüler gebraucht werden. Daher kann der Sitz im Leben von Spr. 5,20; 6,9a als Schule bestimmt werden (1).

Wichtige Gattungsmerkmale des Tadels wurden von der Familienpädagogik in die Schulpädagogik fast unverändert übertragen. Wegen der Verbindung mit der Mahnung wird die Funktion nur etwas rhetorischer ausgestaltet.

---

1 Ich meine mit dem Wort "Schule" nicht eine Schule im modernen Sinne, sondern ein pädagogisches Gespräch zwischen Weisheitslehrer und Schüler.

4.3.2. Redeorm des Tadels

Die Redeform ist ein verbaler Interrogativsatz in der 2. Person, dem die Anrede "mein Sohn", "Du Fauler", hinzugefügt wird.

4.3.3. Voraussetzung des Tadels

Beim Tadel des Weisheitslehrers werden Liebe, Autorität und Rechtsbewußtsein vorausgesetzt.

4.3.4. Funktion des Tadels

Die Funktion des Tadels besteht darin:
a) diese Untugend zu rügen; das Nachdenken anzuregen,
b) die Mahnung rhetorisch eindrücklicher zu machen.

4.3.5. Anlaß des Tadels

Der Anlaß ist ein unrechtes Verhalten des Schülers: Ehebruch und Faulheit.

4.3.6. Ziel des Tadels

Das Ziel ist es, zu einem besseren Lebenswandel zu verhelfen.

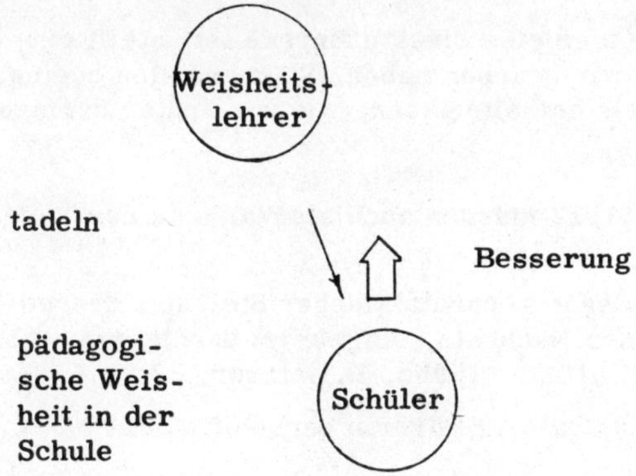

4.4. Variante des Tadels

Ich möchte die folgenden Verse eine Variante des Tadels nennen. Obwohl ihre geistige Heimat der oben genannte Tadel ist, haben die Gattungsmerkmale in den gegenwärtigen Zusammenhängen eine Veränderung erfahren, weil nicht mehr eine einzelne Person (Sohn oder Schüler), sondern mehrere Menschen angeredet sind (1). Aber es ist nötig, Spr. 1, 22f. hier zu beachten, weil sich dort wichtiges Material für den Zusammenhang zwischen der Frageform des Tadels und der bedingten Zusage findet.

4.4.1. Spr. 1, 22f.

V. 22: עַד־מָתַי פְּתָיִם תְּאֵהֲבוּ פֶתִי וְלֵצִים לָצוֹן חָמְדוּ לָהֶם וּכְסִילִים יִשְׂנְאוּ דָעַת

"Wie lange noch, ihr Einfältigen, liebt ihr die Einfalt,
finden die Spötter Gefallen am Spott,
hassen die Toren Erkenntnis?"

V. 23: תָּשׁוּבוּ לְתוֹכַחְתִּי הִנֵּה אַבִּיעָה לָכֶם רוּחִי אוֹדִיעָה דְבָרַי אֶתְכֶם

"Wenn (2) ihr zu meinem Tadel umkehrt,
dann will ich euch meinen Geist ausgießen,
euch meine Worte kundtun."

4.4.2. Redeform des Tadels

Formgeschichtlich sind die beiden Verse Spr. 1, 22f. ein Bestandteil der weisheitlichen Bußpredigt, die zu den jüngeren Formen der Weisheitsliteratur gehört (3). Hier finden sich zwei eigentümliche Redeformen, d. h. die Wie-lange-Frage (22) und die bedingte Zusage (23), die beide miteinander kombiniert werden.

Die Wie-lange-Frage, die hier eine direkte Anrede ist, stellt eine Redeform des Tadels dar, wie wir gesehen haben. Während eine bedingte Zusage ein Moment des Tadels enthalten kann, wie wir später darlegen wer-

---

1 Nu. 14, 41; Jes. 40, 27; 51, 12 müssen auch als Variante des Tadels bestimmt werden.

2 V. 23 ist ein Konditionalsatz in parataktischer Stellung, dessen Vordersatz im Iussiv und dessen Nachsatz, eingeleitet durch הִנֵּה , im Kohortativ steht. Vgl. GK §108f., 159bc, B. Gemser, 22.

3 Die Weisheit wird wie 8, 1 als Predigerin personifiziert.

den, findet sich hier kein Tadel (1), sondern vielmehr das Heilsmotiv, der Ruf zur Umkehr (2), und zwar aufgrund des Tadels der Predigerin.

4.4.3. Anlaß des Tadels

Der Anlaß der Wie-lange-Frage ist die Einfalt der Zuhörer, ihr Spott über die Erkenntnis, ja ihr Haß auf sie.

4.4.4. Funktion des Tadels

Wir wollen die Struktur dieses Abschnitts betrachten, um die Funktion des Tadels zu erklären.

20 Die Weisheit ruft laut auf der Straße,
auf den Plätzen erhebt sie ihre Stimme.

21 An den lautesten Orten predigt sie,
an den Toreingängen in die Stadt spricht sie
ihre Worte:

22 Wie lange noch, ihr Einfältigen, liebt ihr die Einfalt,
und finden die Spötter Gefallen am Spott,
und hassen die Toren Erkenntnis?

23 Wenn ihr zu meinem Tadel umkehrt,
dann will ich auf euch meinen Geist ausgießen,
euch meine Worte kundtun.

24 Weil ich gerufen habe, ihr aber euch geweigert habe,
ich meine Hand ausgestreckt habe, aber niemand aufmerksam war,

25 weil ihr alle meinen Rat in den Wind geschlagen
und meinen Tadel nicht angenommen habt,

26 so will auch ich bei eurem Verderben lachen,
spotten, wenn der Schrecken über euch kommt,

27 wenn wie ein Sturm der Schrecken über euch kommt,
und euer Verderben wie ein Sturmwind sich nähert.

---

1 Das Wort זוּלֵל in Jer. 15,19 schließt ein Moment des Tadels ein.

2 Vgl. Jer. 3,22; 4,1; 15,19: Dieser Ruf zur Umkehr ist ähnlich wie bei Jeremia, aber diese Bekehrung zielt nicht auf Jahwe, sondern behört zum Tadel.

28 Dann rufen sie mich, aber ich antworte nicht (1);
sie suchen mich, aber sie finden mich nicht.

29 Weil sie Erkenntnis haßten
und die Furcht vor Jahwe nicht erwählten,

30 meinen Rat nicht wollten,
all meinen Tadel verwarfen,

31 so müssen sie die Frucht ihres Wandels essen
und an ihren Plänen genug haben.

32 Ja, der Abfall der Einfältigen tötet sie,
und ihre Sicherheit rottet die Toren aus.

33 Doch wer auf mich hört, wird sicher wohnen,
und vor bösen Schrecken ohne Sorge leben.

Man kann die Struktur dieses Abschnittes wie folgt gliedern:

20.21 Einführung der Weisheit als Predigerin

22 Tadel in der Frageform mit עַד־מָתַי : direkte Anrede

23 bedingte Zusage mit שׁוּב : direkte Anrede

24.25	erste Begründung mit	יַעַן	24	Ihr-Stil (Anrede-Stil)	propheti-sche Gat-tung?
26.27.28	drohende Ankündigung		27		
29.30	zweite Begründung mit	תַּחַת כִּי	28	3. Pers.	
31.	Vergeltungssatz		31		

32.33 Schluß mit Zusage (2).

Es würde genügen, wenn V. 23 ohne die Verse 24-31, die von manchem als prophetische Gerichtsankündigung beurteilt werden (3), den Versen 32.33 direkt vorausgehen würde.

---

1 Ab V. 28 geht die Anredeform der 2. Pers. in die 3. Pers. pl. über.

2 In Spr. 2,21.22 wird die Zukunft des Weisen mit dem Schicksal der Toren verglichen. Aber die Reihenfolge ist umgekehrt.

3 Nach Ch. Kayatz, Studien zu Proverbien 1-9: WMANT 22 (1966), 120, V. 24: Motiv des Nichthörens vgl. Jes. 65,12; 66,4; Jer. 7,24f.; 9,13; 11,8; 17,23; 25,7; 32,33; 34,17; 35,14.17; V. 26-28 Motiv des kommenden Verderbens vgl. Jer. 35,17; 48,16; 49,8. Motiv des vergeblichen Rufens vgl. Mi. 3,4; Jes. 1,15; Jer. 11,11.14; Hes. 8,18; Sach. 7,13; V. 31 Motiv der Frucht des Wandels vgl. Jer. 4,18; 21,14; Ch. Kayatz, Bibl. St. 55,1969, 64f. Wie B. Gemser, 23, ausführt, finden sich hier viele Stil-

Ursprünglich hat eine prophetische Gerichtsverkündigung nichts mit der Erziehung zu tun, und eine direkte unbedingte Gerichtsankündigung kann nicht in den Gattungen der Weisheit gefunden werden. Weil die Begründungen und Drohungen in V. 24-31 auf die bedingte Zusage in V. 23 folgen und der Zusage in V. 32f. vorausgehen, haben V. 24-31 den Charakter des androhenden Gerichts verloren. Ch. Kayatz diskutiert mit Recht diesen Widerspruch zwsichen Gerichtsankündigung und weisheitlichem Rahmen (1). Und dazu kommt der weisheitliche Vergeltungssatz (V. 31) mit der Begründung (V. 29. 30) nach der prophetischen Drohung (V. 26. 27. 28) mit einer Begründung (V. 24. 25). Dort bringt die Katastrophe nicht Jahwe, sondern die Tat der Toren selbst als Frucht ihres Wandels (V. 31). Dann dient dieses Stück, das eine Warnung mit einem Tadel in der Frageform (V. 22) darstellt, dazu, die Zusage (V. 23. 33) zu verstärken und das pädagogische Ziel dieses Abschnitts zu betonen. Diese Funktion ist eine Funktion des Tadels in den Proverbien, wie wir oben gesehen haben. Daher kann dieser Abschnitt (V. 20-33) eine Variante des Tadels genannt werden (2).

4. 4. 5. Traditionsgeschichte des Tadels

Als ein Gattungselement gebraucht der Verfasser dieser Reden die Redeform des Tadels, der eigentlich an einzelne gerichtet wird, und gestaltet ihn in eine öffentliche Rede um. Dabei nimmt er freilich eine prophetische Gattung mit herein (3), erstens, um die Funktion des Tadels, der Mahnung und der Zusage weiter zu verstärken, und zweitens, um den Reden einen öffentlichen Charakter zu geben.

Exkurs II

Bedingte Zusage, die den Tadel als Sachelement einschließt

Im Hiobbuch

1) 8,1-7:

1 Da antwortete Bildad von Suah und sprach:
2 Wie lange noch willst du solches reden,

---

formen Jeremias und des Deuteronomiums עַד מָתַי V. 22= Jer. 4, 14; 12. 4; מְשׁוּבָה V. 32 = Jer. 8, 5; 2, 19; 3, 22 שָׁכֵן בֶּטַח V. 33 = Jer. 23, 6 vgl. 12, 5. Daneben darf nicht übersehen werden, daß man in V. 24-31 auch einige weisheitliche Worte finden kann. פרע, עֵצָה (25) תּוֹכַחַת (25. 30) עֵצָה (31) דַּעַת (29) יִרְאַת יְהוָה (29).

1 Ch. Kayatz, a. a. O., 66.

2 Vgl. S. 82, Anm. 1

3 Auch der Gebrauch der 3. Person ab V. 28 zeigt, daß sich in den V. 24 f. verschiedene Gattungselemente mischen.

sind starker Wind die Worte deines Munde?
3 Beugt wohl Gott die Rechtsordnung,
oder beugt der Allmächtige das Recht?
4 Wenn deine Söhne an ihm sündigten,
gab er sie hin in die Hände ihres Frevels.
5 Wenn du nach Gott suchst (1),
und zum Allmächtigen um Gunst flehst,
6 wenn du lauter und redlich bist,
dann wird er deinetwegen aufwachen,
und die Wohnung deiner Gerechtigkeit wieder herstellen.
7 Dein Anfang würde klein erscheinen,
dein Ende aber herrlich groß.

In der ersten Antwort Bildads findet sich eine bedingte Zusage in V. 5-7, die mit dem vorausgehenden Tadel in V. 2-4 (2) verbunden ist. Diese bedingte Zusage selbst schließt keinen Tadel ein, sondern ist eine Mahnung V. 5. 6a α, die mit der kommenden Verheißung V. 6a β 7 kombiniert wird. Die vorwurfsvolle Frage V. 2-4 bezieht sich auf die bedingte Zusage und begründet sie. Die Redeform des Tadels V. 2a ist eine Wie-lange-Frage, und zwar in direkter Anrede, wie wir schon oft gesehen haben. Danach folgt eine ironische Frage (V. 2b) und eine lehrhafte Frage (V. 3). Bildad verneint den Gedanken, daß Gott etwas Unrechtes getan haben könnte (V. 3. 4.). In seiner Theologie vertritt er wie die anderen Freunde eine Vergeltungslehre. Hiobs Selbstrechtfertigung (7,20) gibt den Anlaß zu vorwurfsvollen Fragen. Die Funktion des Tadels Bildads gegenüber Hiob ist die pauschale Zurückweisung der Klagen Hiobs und die Forderung, daß Hiob mit solchen Klagen aufhöre.

Die andere Funktion besteht darin, die Mahnung zu betonen, daß der einzige Weg Hiobs nur der der Buße oder Umkehr ist (3). V. 2b ist eine ironische

---

1 Gegen G. Hölscher, 26, der meint, daß hier ein zweiter Bedingungssatz fehl am Platze wäre. Er liest deshalb am Anfang von V. 5 וְאַתָּה, das er als Nachsatz zu V. 4 auffaßt. Doch der Nachsatz zu 4a steht bereits in 4b. Vgl. G. Fohrer, 184.

2 Nach G. Fohrer, 186, entstammen die Formelemente der V. 2-4 den "Parteireden vor der Rechtsgemeinde", die sich im Tor traf. Aber V. 3 ist keine Verhörfrage, sondern eine vorwurfsvolle Gegenfrage gegenüber dem Einwand Hiobs in 7,17-21. M. E. verändert der Verfasser des Hiobdramas die Redeform des Tadels als Frage zur Disputation. Es steht hier ein Weisheitslehrer Hiob gegenüber.

3 G. von Rad. Weisheit, 274: "Alles kommt jetzt darauf an, daß er (sc. der Spruch Gottes) ihn (sc. Hiob) in die Buße führt. Darum gipfelt der Zuspruch in der Aufforderung: Beuge dich dieser göttlichen Zurechtweisung und gib Gott recht!" G. von Rad faßt hier den Inhalt der bedingten Zusagen 11,13-15; 22,21-30 zusammen.

Anfrage, so daß die leidenschaftlichen Worte Hiobs als vergeblich hingestellt werden. Die bedingte Zusage Bildads besteht aus der Mahnung in Form eines Bedingungssatzes (V. 5. 6a_{α}) und der Zusage (V. 6a β.7). 6 a α wird oft als spätere Glosse angesehen. Die Redeform dieser bedingten Zusage ist auch die direkte Anrede. Der Inhalt der Wenn-du-Frage ist eine Mahnung, die zur Umkehr einlädt. Der Satz: "Wenn du nach Gott suchst" (אִם־אַתָּה תְּשַׁחֵר אֶל־אֵל) erinnert uns an das Umkehrmotiv der Propheten (1). Das Umkehrmotiv ist dem Flehen um Gunst parallel und meint die sich an Gott wendende Bitte. Zwar ist Bildad nicht so freundlich und geduldig wie Eliphas, aber seine Mahnung in der Form der bedingten Zusage hat ebenfalls eine pädagogische Absicht. H. Richter beurteilt in Kap. 8 die Gattung der Rede Bildads als Schlichtungsrede. Aber kann man mit dieser Bestimmung die pädagogische Funktion dieser Rede erklären (2)? C. Westermann unterscheidet die Rede Bildads von der Eliphas, weil sie mit freundlicheren Worten vorgetragen wird als die Argumentation Bildads. Nach C. Westermann ist 8,2-4 keine Zurechtweisung mehr (3). Während der Unterschied zwischen der Rede des Eliphas und des Bildads wörtlich und der Stimmung nach zum Ausdruck kommt, wie C. Westermann zeigt, scheint mir der Unterschied nicht so absolut zu sein, sondern nur relativ. Der theologische Standpunkt der drei Freunde ist die Vergeltungslehre.

Hiob erkennt die Freunde nicht als eine Autorität an, die über ihm steht, weil sie alle für Hiob von einer falschen Voraussetzung ausgehen: Hiob sei ein Sünder, daher müsse er die Strafe leiden und zu Gott umkehren. Aus diesem Grunde können sie Hiob nicht überzeugen, was für ein Wort auch immer sie sprechen würden. Sie werden in die erfolglose Disputation mit Hiob als gleiche Partner hineingezogen (4).

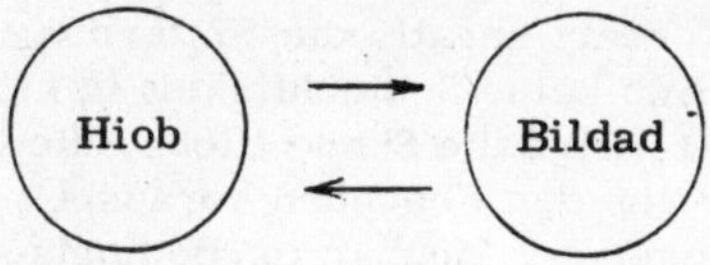

Zwar ist die Redeform pädagogischer Art, aber die Voraussetzung ist falsch. Bildad hat keine Autorität.

---

1 G. Fohrer, 190: "'Gott suchen' umschreibt bei Amos und Hosea (Am. 5,4-6; Hos. 6,3) die Umkehr des Menschen von seinem falschen, sündigen Wege zu Gott - seine 'Bekehrung'." G. Fohrer, 184.

2 H. Richter, Studien zu Hiob (1959), 68f.

3 C. Westermann, Der Aufbau des Buches Hiob (1956), 18: "Bildad also will gar nicht mehr mit freundlichen oder auch mit scharfen Worten Hiob zurechtweisen, sein erstes Wort ist schon Schelten, und dem Schelten ist im zweiten Satz der Hohn beigefügt."

4 Siehe oben, Exkurs I, S. 73 , Anm. 1.

2) 11,13-19 (20):

13 "Wenn du dein Herz in Ordnung bringst
und deine Hände zu ihm ausbreitest,
14 wenn Arges in deiner Hand ist, entferne es,
und laß keine Schlechtigkeit in deinen Zelten wohnen. -
15 Dann kannst du dein Gesicht ohne Schande erheben,
und fest dastehen und brauchst dich nicht zu fürchten.
16 Dann wirst du die Mühsal vergessen;
daran denkst du wie an verflossenes Wasser.
17 Heller als der Mittag geht dein Leben auf,
die Dunkelheit wird wie der Morgen sein.
18 Du darfst vertrauen, weil Hoffnung bleibt,
wohl geschützt (1), ruhig schlafen;
19 du lagerst dich, und keiner schreckt dich auf,
viele umschmeicheln dein Gesicht.
20 Doch der Gottlosen Augen schmachten hin (2),
verloren ist ihnen Zuflucht,
ihre Hoffnung ist nur ein Stoßseufzer."

In der ersten Rede Zophars findet sich auch eine bedingte Zusage: 11,13-19 (20). Der Bedingungssatz findet sich in V.13.14. Danach folgt die Zusage in V.15.16. Außerdem bedeuten V.17-19 eine Zusage. Schließlich wird das Schicksal der Gottlosen kurz dargestellt. Obwohl die Rede Zophars viel aggressiver als die der beiden anderen Freunde ist, bleibt sein werbendes seelsorgerliches Bemühen nicht ohne warnenden Ernst (3). Er nennt die doppelte Bedingung; danach folgt das Heil, weil er Hiob vorher als Sünder bezeichnet hat (V.6). Die erste Bedingung fordert positiv die Hinwendung zu Gott (V.13) (4), die zweite fordert negativ die Entfernung der Sünde aus der Hand Hiobs. Dazu darf Hiob keine Schlechtigkeit in seinem Zelt wohnen lassen (V.14). Hier in V.14 wird die Sünde Hiobs, die keineswegs von ihm begangen, sondern nur von den Freunden vorausgesetzt wird, indirekt von Zophar gerügt. Dieser von Zophar im Bedingungssatz (V.14) genannte Frevel schließt inhaltlich einen Tadel gegenüber Hiob ein.

---

1 Nach A.B.Ehrlich, 227; P.Dhorme, 150.

2 V.20 ist keine Zusage an Hiob. Aber das Schicksal der Gottlosen ist mit der Zusage an Hiob verbunden. Dieser Vergleich der beiden Wege ist eine Eigenart der Weisheitsliteratur, vgl. Spr.1,32.33.

3 F.Horst, Hiob, 174. H.Richter sagt nichts über die bedingte Zusage in der ersten Rede Zophars. Vgl. a.a.O., 75f.

4 Vgl. S.87, Anm. 1.

Die Redeform ist ebenfalls eine direkte Anrede. Der Anlaß zur bedingten Zusage ist die irrtümlich vorausgesetzte Sünde Hiobs. Die Funktion des indirekten Tadels als bedingter Zusage ist: die Sünde indirekt zu rügen (V. 14), positiv: zur Hinwendung zu Gott mahnen (V. 13),
negativ: zur Abkehr von der Sünde zu mahnen (V. 14),
Ermutigung: neue Hoffnung zu geben (V. 15ff.).
Diese bedingte Zusage bezieht sich darauf, Hiob zu neuer Einsicht zu verhelfen.
Trotzdem geht Zophar von einer falschen Voraussetzung aus. Er kann Hiob nicht überzeugen, da es ihm an Autorität mangelt.

3) 22,21-23.26+27f. (29.30):

21 "Verkehre doch mit ihm freundlich und halte Frieden!
Dadurch kommt (1) zu dir das Glück.
22 Nimm doch Weisung aus seinem Mund an,
und präge dir doch seine Worte in das Herz ein!
23 Wenn du zum Allmächtigen umkehrst, dich demütigst (2)
und die Schlechtigkeit von deinem Zelt entfernst (3),
26 dann wirst du dich des Allmächtigen freuen
und deinen Geist zu Gott erheben.
27 Betest du zu ihm (4), so wird er dich hören.
Deine Gelübde wirst du bezahlen.
28 Entscheidest du etwas, so kommt es für dich zustande,
und über deinen Wegen scheint Licht.
29 Denn er erniedrigt den Stolz des Hochmuts,
hilft aber dem mit niedergeschlagenen Augen.
30 Er rettet den Schuldlosen,
und gerettet wird er wegen der Reinheit seiner Hände."

V. 21-23.26 ist eigentlich eine bedingte Zusage, in der auch auf die Möglichkeit der Rettung hingewiesen wird, nämlich dann, wenn Hiob nur zu Gott umkehrt und sich von der Sünde abkehrt. V. 27f. ist eine Verheißung an Hiob (5).

---

1 Mit K. Budde, Hiob, 129; G. Hölscher, 56; A. Weiser, Hiob, 170; G. Fohrer, Hiob, 350f.

2 G. Hölscher, a.a.O.; G. Fohrer, a.a.O.; A. Weiser, a.a.O., 171.

3 V. 24.25 zerreißen den Zusammenhang zwischen V. 23 und 26. Daher sind sie als Glosse zu streichen. Vgl. G. Hölscher, G. Fohrer.

4 K. Budde übersetzt diesen Vers auch als Bedingungssatz. Aber inhaltlich handelt es sich nicht mehr um eine Mahnung.

5 Diese Texte verbinden einen Wenn-Du-Satz mit dem שׁוּב - Motiv. V. 23a α: "Wenn du zum Allmächtigen umkehrst." (אִם־תָּשׁוּב עַד־שַׁדַּי) Es gibt einige Parallelen, die eine pädagogische Bedeutung haben. Spr. 1,23a α: "Wenn ihr zu meinem Tadel umkehrt." (תָּשׁוּבוּ לְתוֹכַחְתִּי) Jer. 15,19: "Wenn du umkehrst." (אִם־תָּשׁוּב) Jer. 4,1: "Wenn du umkehrst, Israel!" (אִם־תָּשׁוּב יִשְׂרָאֵל) Aber genau genommen, ist nur Jer. 15,19 ein echter, erziehender Tadel, vgl. Exkurs III.

V. 29. 30 ist ein Vergleich des Gottlosen mit dem Schuldlosen.

Die Redeform der bedingten Zusage V. 21-23. 26 ist eine direkte Anrede in pädagogischer Absicht wie 8, 5-7 und 11, 12-19 (20) (1). Eliphas steht hier als ein Weisheitslehrer, der einen Schüler indirekt und sorgfältig tadelt, ihm gleichzeitig die rechte Frömmigkeit zeigt und erwartet, daß der Schüler sich die Mahnung zu Herzen nehme (2).

Die Voraussetzung für den Tadel fehlt bei Eliphas. Er erreicht mit seinen Worten nichts, da es ihm an Autorität und an Einsicht in die wahre Ursache von Hiobs Leiden fehlt.

Die Funktion dieses indirekten Tadels innerhalb einer bedingten Zusage ist die Mahnung zur Wiederherstellung des Vertrauensverhältnisses zu Gott (V. 21),
zur Annahme der Göttlichen Belehrung (תּוֹרָה (V. 22)),
zur Umkehr zum Allmächtigen (V. 23a $^{\alpha}$) und
zu demütiger Buße (V. 23a $_{\beta}$),
zur pädagogisch formulierten Abkehr von der Sünde, die von den Freunden Hiobs vermutet wird (V. 23b),
zur Ermutigung zu neuer Hoffnung (V. 26, 27f).

Das Ziel der bedingten Zusage ist die Besserung oder Rettung Hiobs.

4) Zusammenfassung

Die Struktur

Die bedingte Zusage der Freunde Hiobs ist inhaltlich mit einem Tadel verbunden oder schließt einen Tadel indirekt ein.

Tadel	+	die bedingte Zusage
8, 2-4		8, 5-7
V. 14		11, 13-19 (20)
V. 23b		22, 21-23. 26+27f. (29. 30)

Die Redeform der bedingten Zusage ist immer eine direkte Anrede, nämlich ein Wenn-Du-Satz.
Den Anlaß zum Tadel gibt die Sünde Hiobs, die von den Freunden fälschlich vorausgesetzt wird.
Die Funktion des Tadels in - oder verbunden mit - der bedingten Zusage besteht darin, die Sünde Hiobs zu rügen; und natürlich das Nachdenken anzuregen.

Die bedingte Zusage besteht eigentlich aus Mahnung und Verheißung. Diese Funktionen der bedingten Zusage können verstärkt werden, indem die be-

---

1 Vgl. G. Fohrer, Hiob, 361.

2 G. Fohrer, Hiob, 360; A. Weiser, ATD 16, 177: "Ein Beispiel der pädagogisch-seelsorgerlichen Technik eines Lehrers der 'Weisheit'!"

dingte Zusage einen Tadel als Sachelement einschließt oder mit einem Tadel als Sachelement verbunden wird. Anders ausgedrückt: Wenn ein Tadel in die bedingte Zusage eingeschlossen oder mit ihr eng verbunden wird, bekommt er eine wirksamere Funktion, indem der Tadel nicht nur negativ als Rüge oder Ablehnung wirkt, sondern wegen der bedingten Zusage auch eine befreiende Ermutigung einschließt.

Der Sitz im Leben der bedingten Zusage, der für die Reden der Freunde Hiobs erschlossen werden kann, ist die Erziehung in der Schule. Hier redet ein Weisheitslehrer einen Schüler an, um ihm zu helfen, daß er sich bessert und zu einem neuen Horizont geführt wird. Diese Redeweise stellt die pädagogisch-seelsorgerliche Technik eines Weisheitslehrers dar (1).

Aber wie wir schon gesehen haben, können die Freunde Hiob nicht überzeugen, weil sie ohne Einsicht in die wahre Ursache der Leiden Hiobs sprechen. Vielmehr werden sie in Disputationen hineingezogen und schweigen schließlich. Dann will Hiob Jahwe direkt provozieren. Daher können diese Texte

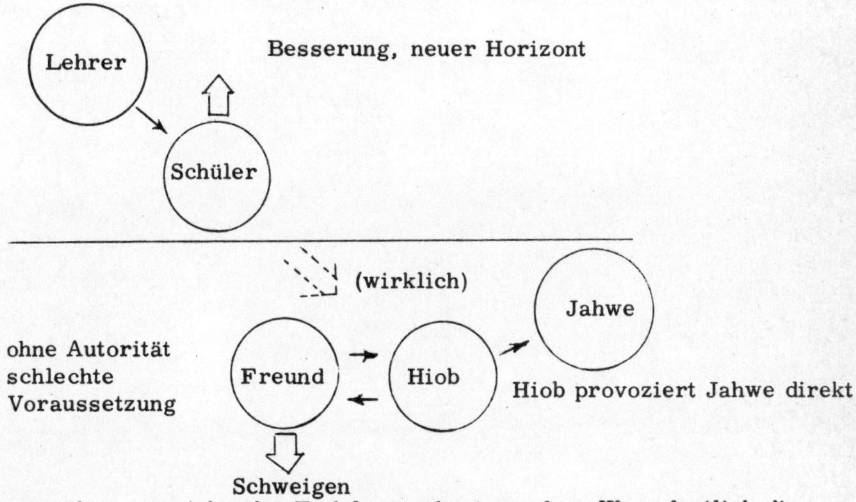

nicht zum echten, erziehenden Tadel gerechnet werden. Wenn freilich die Freunde wahre Einsicht und glaubhafte Autorität hätten, könnten ihre Reden als ein echter, erziehender Tadel bezeichnet werden.

5) Eine Variante der ein Moment des Tadels einschließenden bedingten Zusage

Die einen Tadel einschließende bedingte Zusage kann in den Gattungen der prophetischen Reden gefunden werden, z. B. Jes. 58, 9b-11. (2) Aber diese

---

1 Vgl. Spr. 1, 23; 2, 1ff.

2 C. Westermann, Jesaja, 265ff. Er beurteilt die Verheißung in V. 8-9a. 10b-11 als Segensverheißung wie die Verheißungen in den Reden der Freunde Hiobs.

bedingte Zusage steht im Rahmen einer prophetischen Ankündigung für das Volk (58,1-5.12; 6-9a ist auch eine Art bedingter Zusage). Daher ist Jes. 58,9b-11 kein persönlich anredender Tadel im vorliegenden Kontext, obwohl die Redeform eine direkte Anrede ist.

Fünftes Kapitel

DER TADEL IN DEN KONFESSIONEN JEREMIAS

Nun wollen wir den Tadel in den Konfessionen Jeremias untersuchen. Wir behandeln in diesem Kapitel folgende Texte: 12,5; 15,19-21 (Exkurs) und dazu 45,1-5.

5.1. Jer. 12,5

Jer. 12,5: "Wenn du nur (1) mit Fußgängern läufst und sie dich schon ermüden, wie sollst du mit Rossen um die Wette rennen?"
"Wenn du dich nur im friedlichen Lande sicher fühlst (2), wie machst du es im Dschungel des Jordan?"

5.1.1. Zum Kontext

In Kap. 12,1-4 stellt Jeremia Jahwe die Frage nach der Theodizee: "Warum hat der Weg der Frevler Gelingen, sind ohne Sorge alle, die treulos handeln (V. 1b)?" Danach folgen Unschuldsmotiv (V. 3a) und Klage (V. 4).

1 Zur Hinzufügung des Wörtchens "nur" vgl. S. H. Blank, The Confessions of Jeremia and the Meaning of Prayer: HUCA 21 (1948), 351; W. Rudolph, Jeremia, 84. Nicht angebracht ist es, aufgrund von LXX B Σ ein לא zu konjizieren (vgl. J. Ziegler, Septuaginta XV, 1957, 210).

2 V. 5 בוטח qal pt. "sich sicher fühlen". Dieses Wort wird ab und zu emendiert. Hitzig schlägt בורח vor. "Wenn du schon im friedlichen Land flüchtig bist". Nach Cornill beseitigt "die vortreffliche Emendation alle Bedenken und Schwierigkeiten". C. H. Cornill, Jeremia, 158. Nach P. Volz gibt אתה בוטח keinen Sinn, denn Jer. bekommt ja gerade umgekehrt den Vorwurf, daß er sich nicht sicher fühle. Er liest mit Codex Vaticanus לֹא תִבְטַח
Nach J. P. Hyatt ist die Emendation von Hitzig unnatürlich. Er kritisiert P. Volz' Emendation auch. Er ist mit der Übersetzung des Revised Standard Version "fall down" einverstanden. Vgl. derselbe, a. a. O., 917f. Aber W. Rudolph und A. Weiser übersetzen "sicher fühlen".
"Es besteht also kein Grund, בטח hier noch dem arab. bth mit "platt auf dem Boden liegen; oder "fallen" zu übersetzen. W. Rudolph, Jeremia, 84.

5.1.2. Redeform des Tadels

In V. 5 antwortet Jahwe Jeremia mit einer Gegenfrage, die den Propheten direkt anredet. Er gibt Jeremia weder ein Trostwort, noch fordert er Rechenschaft, noch spricht er ein Urteil, sondern er erteilt einen Tadel in Form einer Frage.
5a und 5b sind Bedingungssätze, die mit der Wie-Frage verknüpft sind.

5a α: כִּי אֶת רַגְלִים רַצְתָּה וַיַּלְאוּךָ und
5b α: וּבְאֶרֶץ שָׁלוֹם אַתָּה בוֹטֵחַ
5a β und 5b β sind die mit אֵיךְ eingeleiteten Fragen.
5a β: וְאֵיךְ תְּתַחֲרֶה אֶת־הַסּוּסִים
5b β: וְאֵיךְ תַּעֲשֶׂה בִּגְאוֹן הַיַּרְדֵּן

Die Antwort Jahwes besteht also aus den Bedingungssätzen und den Wie-Fragen.

V. 5a lautet: "Wenn du nur mit Fußgängern läufst und sie dich schon ermüden", und 5b lautet: "Wenn du dich nur im friedlichen Lande sicher fühlst". In beiden ironischen Bedingungssätzen ist ein Moment des Tadels eingeschlossen, weil sie beide die Situation, in der Jeremia klagt und Jahwe provoziert, als eine leichte Sache bezeichnen, wie mit Fußgängern zu laufen und im friedlichen Land zu bleiben. Und die Bedingungssätze sagen aus, daß Jeremia schon müde ist und sich nur im friedlichen Land sicher fühlen kann (1). Die zweimalige Bedingung stellt inhaltlich einen Tadel dar (vgl. 15,19). Diese Redeform haben wir schon in den Reden der Freunde Hiobs als eine erziehende-pädagogische Redeweise des Weisheitslehrers eingeordnet (s. o., Exkurs II, S. 85).

Die אֵיךְ -Frage kann auch als eine vorwurfsvolle Frage gebraucht werden:
mit Verbum im Perf.: Gen. 26,9; 2 Sam. 1,14; Jer. 2,21.
mit Verbum im Imperf.: Ri. 16,15; Jer. 2,23; 48,14; Ps. 11,1; Hi. 21,34.

Daneben kann die Frage noch gebraucht werden, um die Schwierigkeit oder Unmöglichkeit einer Sache hervorzuheben.
Ein anderes interrogatives Adverb אֵיכָה benutzt Jeremia für eine vorwurfsvolle Wie-Frage in lehrhaften Schulfragen (8,8). Hier in V. 5 ist die Wie-Frage ein Tadel, und außerdem dient sie zur Hervorhebung der kommenden Schwierigkeiten Jeremias im Vergleich zu der gegenwärtigen leichteren Situation.

Es scheint mir wichtig zu sein, daß der Vergleich sich sowohl in der Gegenfrage Jahwes (V. 5) als auch in der bedingten Zusage in 15,19 findet. Jeremia gebraucht die Redeform des Vergleichs wie 8,4-9, die ihm aus der weisheitlichen Schulsprache vertraut war.

---

1 F. Giesebrecht, Jeremia, 73: "Das 1ste Glied tadelt demnach den Propheten, weil er schon bei geringer Gefahr Furcht gezeigt habe."

	klein	groß
12, 5	רגלים ארץ שלום	הסוסים גאון הירדן
15, 19	זולל	יקר
8, 4 - 9	היפלו ולא יקומו אם־ישוב ולא ישוב גם־חסידה בשמים ותר וסוס ועגור ידעה מועדיה שמרו את־עת באנה	העם הזה (מדוע)שובבה ... משבה נצחת החזיקו בתרמית מאנו לשוב עמי לא ידעו את משפט

Hier in 12, 5 werden zwei weisheitliche Gleichnisse gebraucht (1), in denen die Beobachtungen vom kleinen zum größeren weiter gehen (Spr. 11, 31; 19, 10; Jon. 4, 10. 11; Mt. 6, 26; 7, 9ff.; 10, 29ff.; Lk. 11, 5ff.; 18, 6ff.; Röm. 5, 9. 10. 15. 17; 11, 12ff.).

Das Verbum בטח "sich sicher fühlen" und seine Derivate kommen in der weisheitlichen Literatur recht häufig vor (Hi.: 10 mal; Spr.: 18 mal; Pred.: 1 mal).
Spr. 28, 1b: "aber der Gerechte fühlt sich sicher (יבטח) wie ein Löwe."
Hi. 11, 18: "du darfst vertrauen (ובטחת), weil Hoffnung bleibt, wohl geschützt, ruhig (לבטח) schlafen."
Spr. 1, 33a: "Doch wer auf mich hört, wird sicher (בטח) wohnen."
Spr. 3, 23a: "Dann wirst du sicher (לבטח) gehen deinen Weg."
Spr. 10, 9: "Wer in Unschuld wandelt, geht sicher (בטח)."

---

1 In den prophetischen Büchern finden sich oft Themen und Formen, die aus den weisheitlichen Betrachtungen kommen, z. B. Jes. 1, 3; 10, 15; 28, 2ff.; Am. 3, 3ff.; 6, 12.
Zu der Beziehung zwischen den Propheten und der Weisheitsliteratur vgl. J. Lindblom, Wisdom in the Old Testament Prophets, in: Wisdom in Israel and in the Ancient Near East (Festschr. H. H. Rowley): Suppl. VT 3 (1955), 192-204. Hier deutet er an, daß Jeremia und seine Schüler mit der Weisheitsschule in besonders engem Kontakt stehen.

Eine Sicherheit ist die Wirkung des weisen Lebens und also des Gehorsams nach dem Willen Jahwes (1). In diesem Wort בוטח wird gezeigt, was wahre und falsche Sicherheit ist. Für Jeremia ist es die einzige Sicherheit, dem Willen Jahwes zu folgen.

5.1.3. Voraussetzung des Tadels

Jahwe gibt Jeremia eine Gegenfrage als Antwort auf seine Provokation, die wir später erklären wrden. Unter welcher Voraussetzung und welchem Anlaß stellt er die Gegenfrage an Jeremia?

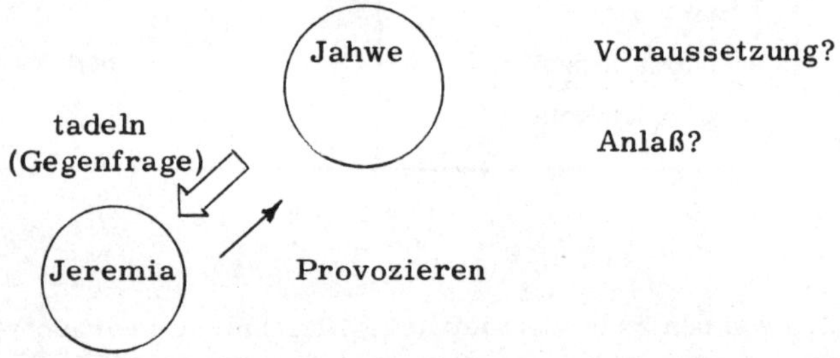

Damit ein Tadel pädagogisch wirken kann, muß eine gute persönliche Beziehung zwischen beiden Partner bestehen. Wir müssen auf einen Ausdruck ידעתני (du kennst mich, V. 3) hinweisen, um die grundlegende Beziehung zwischen Jahwe und dem Propheten zu erklären. Hiermit bekennt Jeremia die besondere innige Beziehung zwischen Jahwe und ihm (2), die ein wichtiger Schlüssel ist, um V. 5 zu verstehen, weil ידע nicht theoretisches Verständnis, sondern eine innige existentielle Erkenntnis meint (3).

---

1 Vgl. W. Zimmerli, Zur Struktur der alttestamentlichen Weisheit: ZAW 51 (1931), 194.

2 Jer. 1, 5; 15, 15.

3 ידע bedeutet im Jeremiabuch insbesondere die persönliche Beziehung zwischen Jahwe und Jeremia. Eigentlich erzeugt das Erkennen für die Hebräer nicht theoretische, sondern praktische, existentielle Wirkung. Vgl. S. Mowinckel, Die Erkenntnis Gottes bei den alttestamentlichen Profeten (1941), 5-8. Jemanden zu erkennen bedeutet, mit ihm ein vertrautes Verhältnis zu haben und den Bund mit ihm zu schließen. Wenn man einen anderen erkennt, kann man seinen Charakter, sein Wesen, und dazu seine Denkweise, wie er in dieser Situation verfahren will, durchschauen.
Beim Bundesschluß will der schwächere Partner mit dem stärkeren Partner übereinstimmen und gibt diesen seine Liebe und seinen Gehor-

Wenn man den Begriff ידע bei Jeremia untersucht, kann man in den Abgrund des prophetischen Bewußtseins blicken. Jahwe geht immer Jeremia voran, trotzdem weiß Jeremia auch, daß Jahwe ihn kennt. Dann kommt eine persönliche Wechselbeziehung zustande. Das Erkennen bedeutet die Gemeinschaft, die voll vertrauender Liebe ist. Zwar wird der Prophet von Jahwe überwunden und zum Gehorsam gebracht. Aber das ist kein unpersönlicher tyrannischer Zwang. Also wird dem Gehorchenden auch Erwägung, Zustimmung und Entscheidung erlaubt. Wie kann man lebenslang Jahwe dienen, ohne daß man Segen und Freude durch diese Gemeinschaft neben seinem schwierigen Auftrag haben darf? Beide Elemente stehen in den Berufungsberichten und den Konfessionen (1,8.9; 15,16; 20,9).

Die jeremianische Verwendung von ידע bringt zum Ausdruck, wie er in seiner prophetischen Existenz bestehen kann. Wenn sein Glaube einer kritischen Lage gegenübergestellt ist, geht er zum Ausgangspunkt zurück; die Erkenntnis, daß Jahwe ihn schon kennt. Im NT bekennt auch Paulus, daß er von Gott berufen (Gal. 4,9; Rm. 8,29) und geliebt ist (Gal. 2,20). Auch wenn Jahwe Jeremia tadelt, ist Jahwe für Jeremia ein Begleiter, Mitwirkender und Pädagoge. Das ist der Inhalt von ידע (1).

5.1.4. Anlaß des Tadels

Was ist der Anlaß des Tadels bei Jahwe? Findet sich bei Jeremia ein unrechtes Verhalten? Jeremia begeht keine moralische Sünde. Den Anlaß gibt sein Mangel an Einsicht in Jahwes Plan. Wegen dieses Mangels provoziert Jeremia Jahwe. Die Provokation selbst ist keine Sünde. Trotzdem liegen verborgen auch Ungehorsam und Zweifel in seinem Einsichtsmangel. Daher befreit Jahwe Jeremia durch seinen Tadel von seinem Ungehorsam und führt ihn zum Gehorsam für seinen prophetischen Auftrag.

---

sam. Der Ausdruck Jahwe "kennt", hat die gleiche Bedeutung in Amos 3,2: wie Jahwe das Volk Israel erwählt. Vgl. H. W. Wolff, BK XIV/2, 214. Dabei zielt die Erwählung auf die Berufung zum Auftrag. Bei Jeremia aber kennt Jahwe ihn selbst als Individuum. In Jer. 1,5 ist "ich habe dich erkannt", der Ausdruck der vorausgehenden Gnade Jahwes. Jahwe in der ersten Person redet zu Jeremia in der zweiten Person (1,5).

1 וְאַתָּה יְהוָה יְדַעְתָּנִי "Aber Jahwe, du kennst mich" in 12,3. Nicht nur in 15,15 befindet sich אַתָּה יָדַעְתָּ "Du kennst", sondern dieser Ausdruck gehört zu den Konfessionen Jeremias (15,15 Befehl; 17,16; 18,23). Gegen J. M. Berridge, Prophet, People, and the Word of Jahwe (1970), 42 note 94, der meint, daß ידע in 12,3 terminus technicus der kultischen Klage ist. Ein solches durch ידע bezeichnetes "Ich und Du"-Gespräch findet man bei Jeremia nur im Berufungsbericht und in den Konfessionen.

Die Provokation Jeremias und ihr Anlaß.

12,1 "Du bist ja gerecht, Jahwe, wenn auch ich mit dir streiten wollte.
Aber dennoch möchte ich ein Rechtssache bereden.
Warum hat der Weg der Frevler Gelingen,
sind ohne Sorge alle, die treulos handeln?
2 Du hast sie gepflanzt, daß sie Wurzel schlagen,
sie wachsen und bringen auch Frucht.
Nahe bist du in ihrem Munde,
aber fern bist du von ihrem Innern.
3 Aber du Jahwe kennst mich, und siehst mich,
du prüfst mein Herz, wie es zu dir steht.
Sondere sie aus wie Schafe zur Schlachtbank!
Weihe sie für den Tag des Schlachtens!
4 Wie lange soll das Land trauern und alles Kraut des Feldes
verdorren? Wegen der Bosheit ihrer Bewohner werden Vieh und
Vögel weggerafft. Denn sie sprechen: Nicht sieht Gott unser
Schicksal."

In 12,1 fragt Jeremia nach Jahwe in der Terminologie der Gerichtsreden. Obwohl Jeremia als Prophet Vertrauen zu Jahwe hat, muß er klagend seine Stimme gegen Gott erheben, weil er die Widersprüche, die im menschlichen Leben herrschen, mit Gottes Gerechtigkeit nicht in Einklang bringen kann (1). So muß Jeremia wegen des prophetischen Auftrags den Anschlag der Verwandten erleiden (11,18-23; 12,6). Die Frage Jeremias (12,1) betrifft nicht eine abstrakte allgemeine Theorie, sondern eine praktische Bedrängnis, die seine Verkündigung und Wirkung selbst hervorbringen.

V. 2. Der Wohlstand der Frevler wird mit einem Baum verglichen. Warum muß der unschuldige Prophet leiden, während die Frevler gedeihen? Ist es nicht die Schuld Jahwes, wenn er der einzige Herrscher auf der Welt ist? Werden die Frevler, die jetzt blühen, von Jahwe geschützt? Sie nennen zwar den Namen Jahwes, aber das ist nur ein Lippenbekenntnis (2).

In V. 3a findet sich ein Unschuldsmotiv (vgl. Ps. 139,1-4; 142,3). Dasselbe sagen die Autoren der Hiobgedichte (Ps. 73,13; Hi. 23,10-12; 31) "Du prüfst" בָּחַנְתָּ (Ps. 17,3; 66,10; aber Jer. 11,20 בחן). An das Unschuldsmotiv schließt sich die Bitte um Rache an, wie in 11,20. Dasselbe findet sich in Ps. 139. Dann wird klar, daß die Frevler (רְשָׁעִים) keine üblichen schlechten Menschen sind, die Macht und Reichtum auf unrechte Weise erlangen, wie sie in 5,26 ff. dargestellt werden, sondern die Verfolger, die Jeremia belästigen (vgl. V. 6).

---

1 Hi. 21,7; Ps. 73,3; Pred. 8,14.

2 Vgl. Jes. 29,13.

V. 4 ist eine Klage in der Form einer mit עַד מָתַי eingeleiteten Frage. Den Gedanken, daß die Erde und ihre Früchte wegen der Sünde des Volkes verflucht werden, gibt es seit alter Zeit (Gen. 3,17ff.; Jer. 4,27.28). Es genügt eine Sünde, um das ganze Volk in die Katastrophe zu reißen (Jos. 7). Obwohl Jeremia in der Klage (11,18-20) nur um die Vernichtung der Frevler bat, beschließt Jahwe die Katastrophe des ganzen Landes. Sogar in V. 4b stellen sich die Frevler unschuldig. Die Klage Jeremias verwendet diesen Widerspruch.

Der Tadel Jahwes (v. 5) wendet sich direkt an die Provokation Jeremias (12,1-4) (1). Aber das Gespräch zwischen Jahwe und Jeremia ist nicht eine Disputation, sondern ein Tadel, weil im Zweifel Ungehorsam liegt. Und der Zweifel kommt aus dem Mangel an Einsicht in Jahwes Plan.

---

1 Das Urteil Jahwes als Antwort auf die Klage Jeremias über die Verfolgung (11,19-20) ist schon entschieden worden. Daher kann 12,1-4 inhaltlich als neuer Ausgang der Provokation interpretiert werden. Obwohl 11,18 + 19-20.21-23; 12,1-5+6 eigentlich verschiedene Themen hatten, sind alle von der Deuteronomistischen Redaktion (D) zu einer Einheit verbunden worden. 12,6 ist als Rahmen der Redaktion in der gegenwärtigen Lage verwendet worden, um 12,1-5 mit 11,18ff. zu verbinden. Es ist die Absicht von D, die Verkündigung Jeremias in der engen Beziehung mit seinem Leben darzulegen. Als Gerichtsprophet muß Jeremia das Unheil verkündigen und gleichzeitig als Mittler unter der Verfolgung, die sich immer mehr verstärkt, leiden. Vgl. W. Thiel, Die deuteronomistische Redaktion von Jeremia, 1-25: WMANT 41 (1973). Um es kurz zu sagen: in V. 12,1-6 finden sich Frage und Anklage (V. 1), Unschuldsmotiv und Bitte um Rache (3), Klage (4), Antwort (5) und Rahmen (6). Teilweise gibt es einen mit dem Klagelied gemeinsamen Stil. In V. 1 findet man auch die Mischgattung der Gerichtsreden.

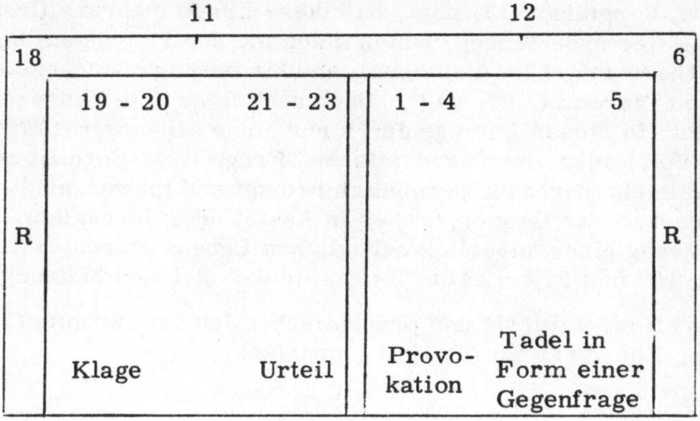

Sitz im Leben des Tadels

1) Zweifel an der Theodizee

Jeremia ist der erste (1), der den Zweifel an der Theodizee als Hintergrund von 12,1 in einer solche klaren Form stellen kann. Manche meinen (2), daß eine solche Frage überhaupt sehr individuell ist und sich an dem Widerspruch zwischen der traditionellen Vergeltungslehre und den wirklichen persönlichen Erlebnissen entzündet. Trotzdem gibt es auch die Möglichkeit der Kollektivdeutung (3), weil er ein Mittler zwischen Jahwe und dem Volk ist.

2) Der prophetische Auftrag

Die Situation, in der Jahwe Jeremia tadelt, ist die des Zweifels an seinem prophetischen Auftrag. Die Krise wegen Jeremias Zweifel gibt Anlaß zum Tadel Jahwes.

5.1.5. Traditionsgeschichte des Tadels

Die Antwort Jahwes ist weder eine direkte Heilszusage noch ein rechtliches Urteil, sondern sie ist ein Tadel. Diese Redeform benutzt Jeremia im Rahmen der Klagelieder. In seiner Klage fordert Jeremia Jahwe heraus,

---

1 Nicht nur Jeremia, sondern auch sein Zeitgenosse Habakuk stößt den Schrei des Zweifels an der Theodizee aus (Hab. 1. 2ff.). Darum sagt J. P. Hyatt, Jeremia, 913, "that Jeremiah was one of the first, if not actually the first ...". Hiob wird ebenso behandelt, aber erst nach dem Exil. Vgl. Ps. 10,11; 49,13 und A. Weiser, Jeremia, 102. In nachexilischer Zeit wird dieses Problem ausführlich im Hiobbuch erörtert.

2 J. P. Hyatt, Jeremia, 913, sagt, daß diese Frage mehrere Ursachen hat: "his own bitter experiences, which made the doctrine seem; his strong sense of the worth of the individual; and his feeling of closeness to God". W. Rudolph, Jeremia, 85, sagt, "doch geht es nach der anderen Seite hin zu weit, in dieser Anfrage Jer's nur 'eine allgemeine Angelegenheit' (P. Volz) oder eine 'akademische' Frage (vgl. Cornill) zu sehen, sie ist vielmehr durchaus persönlich bedingt und ist veranlaßt durch die Feindschaft der Gegner, sei es in Anatot oder Jerusalem, die sich wohl oft genug eines äußerlich behaglichen Lebens erfreuten". A. Weiser, Jeremia, 102 und E. A. Leslie, 141, sind der gleichen Meinung.

3 G. H. Reventlow, Liturgie und prophetisches Ich bei Jeremia (1963). M. Sekine, Theodizee im AT 1961 (japanisch).

ihm eine Erklärung für seine Leiden zu geben. Den Kläger Jeremia tadelt Jahwe mit der Gegenfrage. Wie wir oben schon untersucht haben, bietet die pädagogische Weisheit den Hintergrund dieser Redeform. Jahwe tadelt Jeremia wie ein guter Vater oder Lehrer, den der Zweifel seines Sohnes oder Schülers zu einer Antwort provoziert hat.

Jeremia versteht diese Redeform des Tadels tiefer und benutzt sie, um sein theologisches Selbstverständnis in seinem schmerzhaften Auftrag der Prophetie auszudrücken.

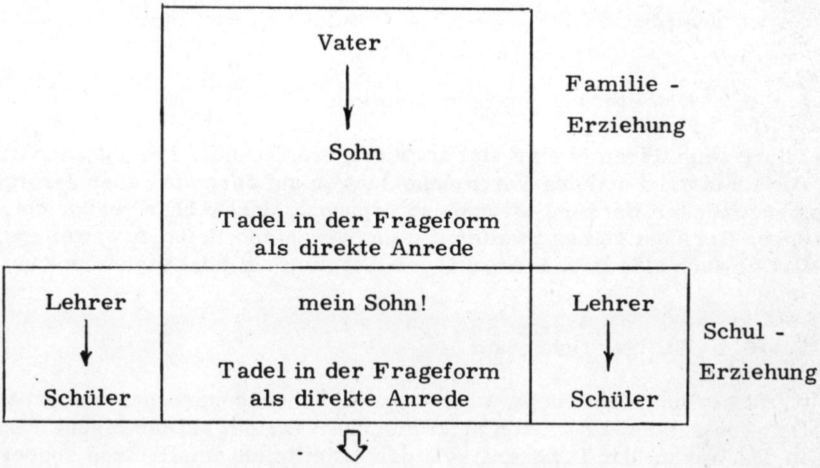

Theologisch-erziehender Tadel bei Jeremia

5.1.6. Die Funktionen des Tadels

5.1.6.1. Verweigerung der Antwort

Jahwe ignoriert Jeremias Frage in V. 5 vollkommen. Der Prophet erwartet, daß Jahwe ihm zu dem Problem der Theodizee eine Antwort gebe. Statt dessen stellt ihm Gott eine scharfe Gegenfrage und versetzt ihn selbst in die Situation des Gefragten, so daß er genötigt ist, zu Jahwes Frage Stellung zu nehmen. So behält Jahwe die Initiative in der Hand. Er entzieht sich den menschlichen Wunschvorstellungen von Gott, läßt sich nicht in ein festes Bild pressen und sich seine Handlungsweise vorschreiben.

5.1.6.2. Befreiung

Durch diese Verweigerung und Gegenfrage wird die Lage Jeremias verwandelt. Wenn Jeremia wegen seiner Schwierigkeiten niedergeschlagen ist, fragt Jahwe Jeremia, um die Krise des prophetischen Auftrags ans Licht zu bringen. So muß Jeremia sich seinem Auftrag und den Schwierigkeiten seines Botendienstes stellen. Dann wird er aus seinem Selbstmitleid befreit. (1)

Jahwe durchschaut, daß Jeremia unter der Maske der Theodizee über seine jetzigen Schwierigkeiten klagt, und will ihn zu seinem eigenen Selbst führen. Diese Befreiung ermöglicht es ihm, seine schwierigen Pflichten und gefahrvollen Aufgaben treu zu erfüllen. Doch zu diesem Zweck muß er ein Kämpfer werden (2).

5.1.6.3. Erweiterung des Gesichtsfeldes

Jahwe zeigt Jeremia eine viel schwierigere Zukunft. Das ist aber Ausdruck der Erwartung und des Vertrauens Jahwes auf Jeremia, aber Jeremias menschlicher Horizont ist noch zu begrenzt. Jahwe aber verspricht, den engen Horizont seines zweifelnden und verzagten Boten zu erweitern, so daß er auch eine noch schwierigere Situation als jetzt meistern kann (3).

5.1.6.4. Williger Gehorsam

A. Weiser hat nicht recht, wenn er sagt: "unausgesprochen fordert hier Gott von seinem Propheten nicht nur den Verzicht auf die eigene Einsicht in das Warum der Lebensrätsel, das sacrificium intellectus, sondern die völlige Hingabe in blindem Vertrauen (vgl. בטח) und wortlosem Gehorsam. Das ist der geheimnisvolle Weg, auf dem Gott ihm die Not der Anfechtung überwinden hilft" (4). Wie kann man lebenslang ohne Freude, nur

---

1 Gegen J. M. Berridge, a. a. O., 165. "In seiner Antwort V. 5 zeigt Jahwe, daß seine Gerechtigkeit völlig in Ordnung ist." Aber man findet nirgends diesen Hinweis.

2 S. H. Blank, The Confessions of Jeremiah and the Meaning of Prayer, HUCA 21 (1948), 351, "What they see here is a man too small for his task - lacking in stamina."

3 Bei Hiob findet sich die gleiche Funktion wie in Jer. 12, 5. Während man im Jeremiabuch viel größere, kommende Schwierigkeiten und den prophetischen Auftrag in einem vergrößerten Feld sieht, erscheint bei Hiob die große Schöpfungswelt, die unbegrenzte Kraft des Schöpfers.

4 A. Weiser, Jeremia, 105.

in blindem Vertrauen Jahwe folgen? Wir bekommen hier ein Licht von für unsere Deutung. Weil ירע die Voraussetzung des Tadels ist, ist der Gehorsam Jeremias nicht ein blindes, mechanisches Folgen, sondern ein williger Gehorsam und ein persönliche Zustimmung (1).

5.1.7. Ziel des Tadels

Der Tadel Jahwes in V. 5 lehnt einerseits die Frage Jeremias ab und befreit ihn andererseits von seiner Niedergeschlagenheit und läßt ihn sein prophetisches Amt weiterführen. So spielt der Tadel in V. 5 eine pädagogische Rolle. Jahwe führt Jeremia zu neuer Einsicht.

Exkurs III

1) Jer. 15,19-21

19: "Darum hat Jahwe so gesprochen:
Wenn du umkehrst, so laß ich dich umkehren und du darfst
vor mir stehen.
Un wenn du nur Edles und nichts Niedriges hervorbringst,
dann sollst du wie mein Mund sein.
Sie werden sich nach dir kehren, aber du wirst dich nicht zu
ihnen kehren.

20: Und ich mache dich für dieses Volk zur ehernen, unzugänglichen Mauer. Wenn sie auch gegen dich kämpfen, können sie dich gar nicht besiegen. Denn ich bin bei dir, dir zu helfen und dich zu retten, spricht Jahwe.

21: Und ich werde dich aus der Hand der Bösen und aus der Faust der Gewalttätigen loskaufen."

2) Redeform

V. 19-21 ist die Antwort Jahwes auf das Klagegebet Jeremias, und zwar handelt es sich weder um direkten Trost noch ist es ein Urteil über die Klage und Provokation Jeremias in 15,10-18, sondern es ist eine bedingte Zusage, die in Bedingungen ein Moment des Tadels einschließt.

---

1 Dreimal bat Paulus den Herrn (2 Kor. 12,7-10), den "Dorn für das Fleisch" zu entfernen, was ihm aber verwehrt blieb. Die göttliche Entscheidung akzeptierte er gehorsam und bejahte sie sogar (V. 7), so daß er bekennen konnte: "sehr gern will ich mich also um so mehr meiner Schwachheiten rühmen (V. 9)".

In V. 19a gibt es zwei bedingte Zusagen.

אִם־תָּשׁוּב וַאֲשִׁיבְךָ לְפָנַי תַּעֲמֹד
וְאִם־תּוֹצִיא יָקָר מִזּוֹלֵל כְּפִי תִהְיֶה

Der erste Bedingungssatz ("Wenn du umkehrst ...") und die folgende Verheißung ("so lasse ich dich umkehren und du darfst vor mir stehen") bedeuten einen Ruf zur Umkehr. Im zweiten Bedingungssatz ist ein indirekter Tadel eingeschlossen.
Es ist klar, daß אִם־תָּשׁוּב eine Umformung der von Jeremia selbst verkündeten Mahnrede an das Volk ist. Ein typisches Beispiel, wo man שׁוּב in einem mit אִם eingeleiteten Bedingungssatz findet:
Jer. 4,1: אִם־תָּשׁוּב יִשְׂרָאֵל נְאֻם יְהוָה אֵלַי תָּשׁוּב
"Wenn du zurückkehrst, Israel, spricht Jahwe, darfst du zu mir zurückkehren."
4,1 zieht in konditionaler Form die Quintessenz aus 3,22, das ein Hos. 14,1.4 entlehntes Wortspiel enthält. Auch 15,19a ist ein Wortspiel mit שׁוּב wie 4,1; 3,22.

Jer. 15,19a: אִם־תָּשׁוּב וַאֲשִׁיבְךָ
4,1a : אִם־תָּשׁוּב יִשְׂרָאֵל נְאֻם יְהוָה אֵלַי תָּשׁוּב
3,22a : "Kehret zurück, abtrünnige Söhne!" שׁוּבוּ בָּנִים שׁוֹבָבִים
Hos. 14,2 : שׁוּבָה יִשְׂרָאֵל עַד יְהוָה אֱלֹהֶיךָ
"Kehre zurück, Israel, zu deinem Gott!"
Hos. 14,5 : אֶרְפָּא מְשׁוּבָתָם (אֹהֲבֵם נְדָבָה) כִּי שָׁב אַפִּי מִמֶּנּוּ
"Ich heile ihre Abtrünnigkeit (und ich liebe sie aus freiem Antrieb), denn mein Zorn hat sich von ihm abgewendet."
In Jer. 3,22 ist das Wortspiel von שׁוּב auf den ersten Blick klar; wahrscheinlich ist es von Hos. 14,2.5 beeinflußt worden. Wenn man umkehrt, vergibt Jahwe in seiner Barmherzigkeit die Sünde, die vor dem Gesetz unentschuldbar ist. Umgekehrt drängt die unendliche Barmherzigkeit Jahwes die Menschen zur Umkehr. Doch ist der Ruf zur Umkehr ein Heilswort (1). 4,1 ist die Antwort Jahwes auf die Konfession des Volkes in 3,22b-25. Hier ist es klar, daß das, was Israels Umkehr ermöglicht, nicht in erster Linie sein eigenes Sündenbekenntnis ist, sondern vor allem der Ruf zur Umkehr. Diese wird durch die vorhergehende Gnade Jahwes begründet. So wird der Inhalt und seine Bedeutung, die bisher wie bei G. von Rad mit dem Wort "Tadel" abstrakt verstanden worden sind, klarer umrissen.

Die Antwort Jahwes in 15,19 ist weder "Stimme der Selbstbesinnung und der Vernunft" (2) noch "das vernichtende Gottesurteil über seinen eigenen Abfall von Jahwe" (3). Man kann vermuten, daß die Stimme Jahwes nicht

---

1 H. W. Wolff, Das Thema "Umkehr" in der alttestamentlichen Prophetie, ZThK 48 (1951), 129-148 = Gesammelte Studien zum AT: ThB 22 (2 1973), 130-50.

2 W. Rudolph, Jeremia, 105. Er deutet den Tadel zu psychologisch.

3 A. Weiser, Jeremia, 134.

wesentlich anders als das Kerygma ist, das Jeremia von Jahwe erhält und dem Volk verkündigt (1). "Denn voll Leben ist Gottes Wort und voll Kraft und schärfer als jedes zweischneidige Schwert." (2)

Wenn man wie G. von Rad V. 19 als einen Tadel bestimmen will, muß man sorgfältig wie folgt sagen: die persönliche Mahnrede als bedingte Zusage wird durch den Tadel in der nächsten bedingten Zusage verstärkt.

Aber diese Mahnrede als eine bedingte Zusage selbst hat eine ironische Wirkung, weil die Mahnrede auf Jeremia selbst angewendet wird, der früher als ein von Jahwe berufener Prophet dem Volk Jahwes Willen verkündigt hat.

Die zweite bedingte Zusage schließt inhaltlich ein Moment des Tadels ein. In diesem Text findet sich ein Vergleich, der die typische didaktische Terminologie enthält.

יָקָר bedeutet "kostbar" und bezieht sich auf die Weisheit.
Spr. 3,15a: "kostbarer (יְקָרָה) ist sie (= Weisheit) als Korallen."
Spr. 20,15b: "eine Kostbarkeit (כְּלִי יְקָר) sind Lippen der Erkenntnis."
זוֹלֵל bedeutet "wertlos", "unedel" und bezieht sich auf die Torheit, auch als pädagogischer Begriff gebraucht.
Spr. 23,20f.: "Sei nicht unter den Weinsäufern (סֹבְאֵי יָיִן), unter den Fleischprassern (זֹלְלֵי). Denn ein Säufer (סֹבֵא) und Prasser (זוֹלֵל) verarmt und Schläfrigkeit kleidet in Lumpen."
In Spr. 23,20f. werden mit זוֹלֵל und סֹבֵא Leute bezeichnet, die an Völlerei und Sauferei Gefallen haben. Wer aber derart zur Unmäßigkeit neigt, ist ein Tor.
Spr. 28,7: "Wer Weisung (תּוֹרָה) bewahrt, ist ein verständiger Sohn, aber wer mit Prassern (זוֹלְלִים) umgeht, bringt seinem Vater Beschämung."
Hier bedeutet תּוֹרָה die Belehrung eines Vaters (vgl. 10,1).
Dt. 21,18-21 zeigt, daß "störrischer und widerspenstiger" (סוֹרֵר וּמוֹרֶה) Sohn ein Synonym für "Prasser und Weinsäufer" (זוֹלֵל וְסֹבֵא) ist. Ein solcher Sohn hört nicht auf die Zucht der Eltern (Dt. 21,18).
Das Wort סוֹרֵר (= סרר), das die Widerspenstigkeit des Volkes gegen Gott (Jer. 5,23) bedeutet, nähert sich dem Wort סור (vgl. Jer. 6,28), das in der weisheitlichen und in der deuteronomischen Literatur "Abweichung vom eigentlichen Weg" oder umgekehrt, "Umkehr vom bösen Weg" bedeutet. Alle diese Begriffe gehören zum didaktischen Wortschatz im AT (3). Daher bedeutet זוֹלֵל in Jer. 15,19, daß es Jeremia an Einsicht in den Willen Jahwes fehlt wie einem störrischen und widerspenstigen Sohn und daß sich Jeremia von dem eigentlichen Weg abkehrt, wenn er klagt, murrt und protestiert.

---

1 Jer. 3,1-5. 19.20; 3,21-4,1.

2 Heb. 4,12.

3 Nach M. Weinfeld, Deuteronomy and the Deuteronomic School (1972), 303 f. wurde das Dt. von Weisheitslehrern verfaßt, wofür er zahlreiche Parallelen zwischen dem Dt. und den Spr. anführt.

Wo gibt es einen Tadel in der zweiten bedingten Zusage?

Jeremia wird von Jahwe getadelt mit dem weisheitlichen Wort זוֹלֵל, d.h.: Jeremia wird töricht genannt, wie die Söhne in Dt. 21,20; Spr. 23,20f.; 28,7. Er hat Zweifel über den Willen Jahwes und fällt in Ungehorsam, weil er nur wenig Einsicht in die größere Welt Jahwes hat. Von Jahwe abgefallen zu sein, bedeutet eine Torheit (vgl. Jer. 5,23). So wird er von Jahwe wie ein törichter, ungehorsamer Sohn gerügt, aber gleichzeitig hält er ihm das weisheitliche Wort יָקָר vor, das ihm die Zukunft andeutet, die ihm verheißen wird, wenn er im Gehorsam lebt. Wenn er nur Edles spricht, darf er wieder ein Prophet sein. Edles hervorzubringen bedeutet, als ein Prophet das Wort Jahwes zu verkündigen und dem Willen Jahwes gehorsam zu sein.

Die zweimalige Bedingung (mit אִם) stellt wie 12,5 inhaltlich einen Tadel dar.

Obwohl der Wortschatz und die Form stark weisheitlichen Charakter tragen, wird die prophetische Eigenart doch klar bewahrt.
19a: "... du darfst vor mir stehen (לְפָנַי תַּעֲמֹד)."
Diese Worte bezeichnen den prophetischen Dienst (1).
"... dann sollst du mein Mund sein (כְּפִי תִהְיֶה)."
Hier findet sich eine inhaltliche Berührung mit der Berufung Moses (2).

19b: יָשֻׁבוּ הֵמָּה אֵלֶיךָ Wenn das Volk zu Jahwe umkehrt, wird es danach auch zu Jeremia selbst zurückkehren. Der prophetische Auftrag wird mit diesen Worten bestätigt.

V. 21.22 Verheißung

Zwar werden in V. 20.21 die Worte fast gleich wie in 1,18.19 gebraucht, weil D diese Worte in 1,18.19 verwendet; aber thematisch bedeutet 15,20.21 die Wiederholung der Verheißung bei seiner Berufung. Die Form V. 20a ist das Hilfeversprechen, und V. 20b ist die Folge des göttlichen Eingreifens. V. 20c ist Heilzusicherung. In V. 21 erscheint der Stil der Psalmen wieder, z. B. עָרִיצִים Gewalttätiger (3).

3) Voraussetzung des Tadels

Die Voraussetzung des Tadels in 15,19 ist dieselbe wie in 12,5.

---

1 Kön. 17,1; 18,15; 2 Kön. 3,14; 5,16.

2 Ex. 4,11.15.16; Nu. 22,38; 23,5.12; D. 18,18, vgl. Jes. 6,5.7; Jer. 1,9; Ez. 3,2.

3 Ps. 54,5; 86,14; Hi. 6,23.

Zum neuen Horizont

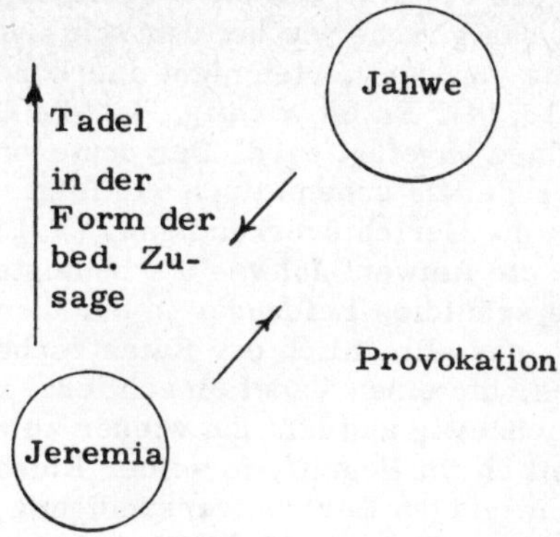

Klage und Provokation Jeremias				Antwort Jahwes	
10 - 12	(13 - 14)	15 - 18	(18)	19	20. 21
Klage wegen der Verfolgung	Gerichtsverkündigung	Klage des Mittlers	Warum-Frage als Provokation	bedingte Zusage	Wiederholung der Berufungsverheißung

4) Anlaß des Tadels

Wenn man die Einheit Jer. 15, 10-21 untersucht, ist [illegible] in V. 10a redaktionsgeschichtlich ein Stichwort, das 15, 10-21 mit dem vorhergehenden Stück verknüpft. Dort sind die Söhne im Krieg gefallen, die Mütter verlieren die Söhne und werden Witwen. Wenn Jeremia über seine Geburt klagt (V. 10), bedeutet seine Klage eine Art Solidarität mit dem Schicksal des Volkes. Jeremia selber muß das Leiden wie jene Söhne auf sich nehmen (1).

1 A. H. J. Gunneweg, Konfession oder Interpretation im Jeremiabuch: ZThK 67 (1970), 403, sagt, daß der Prophet dieselbe Not, wie die von Jahwe über das Volk gebrachte, leiden muß. Das aber ist eine willkürliche Beurteilung, die von der unannehmbaren These des "exemplarischen Gerechten" aus gefällt wird, und daß die Konfessionen Jeremias eine Interpretation der Schüler seien. A. H. J. Gunneweg ignoriert den Text. Jeremia leidet hier nicht das Leiden wie in V. 9, sondern die Verfolgung, die die Verkündigung Jeremia gebracht hat, ist die, daß alle mit Jeremia streiten.

Weil das Leiden des Jeremia aus der Verfolgung des Volkes kommt, ist das Leiden nicht das gleiche wie bei den Müttern in 15,9. Jeremia klagt, daß seine Fürbitte von den Leuten nicht anerkannt wird, auf die das Gericht Jahwes fällt (V. 13. 14). Es ist wichtig, daß die Gerichtsverkündigung an das Motiv der Klage angefügt wird. Der deuteronomistische Redaktor ordnet den Anlaß des Tadels schematisch wie folgt: die Klage über die Verfolgung (V. 10-12) + die Gerichtsverkündigung (V. 13-14) + die Klage des Mittlers (V. 15-18) + die Antwort Jahwes als bedingte Zusage (V. 19+20. 21). Jeremia muß als schuldlos Leidender in der damaligen Verfolgung des Volkes Israel leben, das allmählich der Katastrophe entgegengeht. Die bedingte Zusage Jahwes, die einen Tadel einschließt, rügt indirekt Jeremia und ermutigt ihn gleichzeitig und läßt ihn wieder zu seiner Aufgabe zurückkehren. Er war nämlich im Begriff, in seiner Einsamkeit auf halbem Wege wegen der zu schwierigen Gerichtsverkündigung und der Verfolgung mutlos zu werden. (In dieser Einheit, 15,10-21, wird die Verheißung bei der Berufung Jeremias thematisch wieder angeführt.)

Der Höhepunkt seiner Klage ist die provozierende למה -Frage (V. 18). Der Anlaß seines Protestes ist, wie oben gesagt, Zweifel und Leiden, die sein prophetischer Auftrag hervorruft.

Den Anlaß zum Tadel Jahwes gibt seine Provokation. Zwar steht Jeremia mit Jahwe in intimer persönlicher Beziehung, aber er verhält sich ungehorsam gegen Gott, da es ihm an Einsicht in seinen Willen fehlt.

5) Traditionsgeschichte der bedingten Zusage, die ein Moment des Tadels einschließt

Nach G. von Rad steht der Tadel bei Jeremia an Stelle der Heilszusage, obwohl er in seinen Konfessionen die Redewendung der Klage des Einzelnen gebraucht. G. von Rad bestimmt diesen Vers als Tadel (1). Aber er geht weder auf den Grund dieses Wechsels noch auf die Herkunft der Redewendung ein. Wenn man die Terminologie, die Form und die Funktion dieses Verses ausführlich untersucht, kann man sagen, daß die geistige Heimat der bedingten Zusage, die einen Tadel inhaltlich einschließt, in der Unterweisung durch den Weisheitslehrer liegt (2). Jeremia benutzte diese Form, um sein theologisches Selbstverständnis auszudrücken.

---

1 G. von Rad, Theol. AT II, 209f.

2 Nach E. Gerstenberger ist 15,19 deuteronomistische Redaktion. Vgl. E. Gerstenberger. Jeremiah's Complaints: JBL 82 (1963), 393-408. Er nennt viele Parallelen hintereinander, die zu D zu gehören scheinen. Jer. 7,5-7; 26,3; 27,17; 29,12f.; 35,15; 36,3. Er müßte aber noch genauer die Redeform und die Funktion des Tadels bei Jer. mit der deuteronomistischen Theologie vergleichen, ob die Funktion des Tadels in den Konfessionen des Jeremia ganz mit dem deuteronomistischen Kerygma übereinstimmt. Die form der bedingten Zusage, die einen Ta-

6) Funktion der bedingten Zusage, die ein Moment des Tadels einschließt (V. 19)

6.1. Verweigerung und indirekte Rüge

Die direkte Antwort auf Jeremias Klage und Protest wird abgelehnt; umgekehrt zeigt Jahwe dem Propheten Jeremia, daß seine Klage und sein Protest etwas Niedriges und Torheit ist (15,19b). Dadurch warnt Jahwe ihn indirekt und mild, aber ernst.

6.2. Betonung der Einladung zur Umkehr

Jeremia wird aufgefordert, von der Torheit abzulassen (V. 19b) und wieder zu Jahwe umzukehren (V. 19a). Aber die Umkehr wird durch die Initiative Jahwes geleitet. Obwohl das im Ausdruck eines Bedingungssatzes geschieht, bedeutet der Inhalt eine Zuwendung Jahwes als Antwort auf seine Provokation und eine Beseitigung seines Zweifels und Ungehorsams; Jahwe lädt Jeremia zum Heil ein. Wenn man zu Jahwe zurückkehrt, d a r f m a n als sein Diener dem Willen Jahwes folgen.

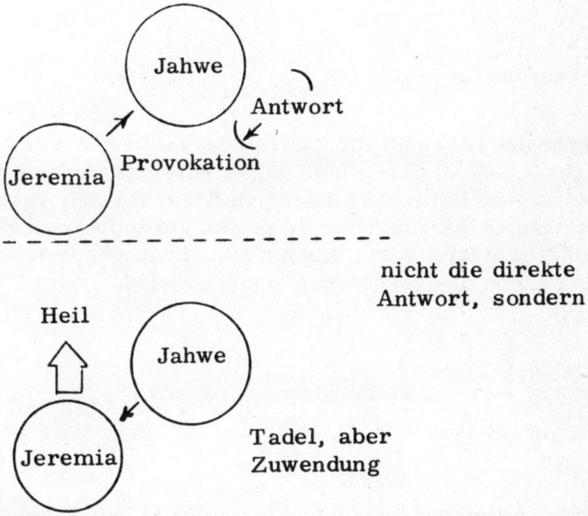

---

del inhaltlich einschließt, steht außer im deuteronomistischen Geschichtswerk in der Weisheitstradition. Vgl. C. Westermann, Weisheit im Sprichwort, in: Schalom (Festschr. A. Jepsen): ArTh I,46 (1971), 73-85 = Forschung am AT: ThB 55 (1974), 149-161. Dort spricht C. Westermann davon, daß der Sitz im Leben der bedingten Zusage eine Erziehung sein kann. Dazu scheint mir interessant zu sein, daß es eine Ähnlichkeit der Redeform zwischen Jer. 15,19a und Hi. 22,23 gibt. Jer. 49,7f. deutet die besondere Beziehung des Jeremia mit der Weisheit in Edom an.

6.3. Befreiung

Obwohl Jahwe sich nicht explizit zu Jeremias Protest äußert, befreit er ihn doch von seinem Zweifel, von seiner Ambivalenz und von seinem Selbstmitleid.

6.4. Erweiterung des menschlichen Horizontes

Die Klage und der Einwand Jeremias sind trotz des starken Protestes von Jahwes Sicht her nur זוֹלֵל . Aber das prophetische Amt des Jeremia ist und bleibt trotz aller Schwierigkeiten noch יָקָר .

6.5. Ermutigung und williger Gehorsam

Es gibt in der bedingten Zusage einige Elemente der Heilszusage: Jeremia wird durch das Element des Tadels zunächst eindringlich ermahnt und durch die folgende Zusage ermuntert, die gestellten Bedingungen zu erfüllen. Die Verheißung unterstützt die Funktion des Tadels, indem sie ihn zusätzlich ermutigt, das Prophetenamt nicht aufzugeben und als Bote Jahwes weiterzuarbeiten. Wenn man diese Stimme Jahwes hört, darf man ihr folgen.

7) Ziel des Tadels

Das Ziel in 15,10-21 ist die Zuwendung Jahwes in V.19-21 als Antwort auf die Klage (V.10-18) Jeremias. Jahwe antwortet auf die in der Provokation (V.18) zu einem Höhepunkt gelangten Klage mit der bedingten Zusage, die den Tadel inhaltlich einschließt, so daß Jeremia von seinem Zweifel und Selbstmitleid befreit wird, wieder zu seinem prophetischen Amt zurückkehrt und durch die Verheißung ermutigt wird.

5.2. Der Tadel Jahwes in Jer. 45

5.2.1. Zum Kontext

Am Ende der Leidensgeschichte Jeremias (1) steht die sogenannte Konfession des Baruch (45,1-5). Wie Jeremia in seiner Glaubenskrise klagt

1 Die Kapitel 37-44 enthalten die Leidensgeschichte Jeremias; vgl. G. Wanke, Untersuchungen zur sogenannten Baruchschrift: Bh. ZAW 122 (1971), 91ff. (vgl. auch 133-136). A. Weiser, Jeremia, XL.: "Während der Belagerung von Jerusalem und nach dem Fall der Stadt bis zu seiner letzten Tätigkeit bei seinen emigrierten Volksgenossen in Ägypten."

(12,1-4; 15,10-12.15-18) und die Antwort Jahwes erhält (12,5; 15,19ff.), so klagt auch Baruch (V. 3) und hört das Wort Jahwes (V. 5a) durch Jeremia.

Jer. 45,1-5

1 "Das Wort, das der Prophet Jeremia zu Baruch, dem Sohn des Nerija, gesagt hat, (als er diese Worte nach dem Diktat Jeremias in ein Buch schrieb, im 4. Jahr des Jojakim, des Sohnes Josias, des Königs von Juda) (1).
2 So spricht Jahwe, der Gott Israels, über dich, Baruch:
3 'Weil' (2) du gesagt hast:
Weh mir, denn Jahwe fügt
meinem Schmerz Kummer hinzu!
Müde bin ich von meinem Seufzen,
doch find' ich keine Ruhe.
4 ( ) (3) So hat Jahwe gesprochen:
(Siehe, was ich gebaut, reiße ich ein,
und was ich gepflanzt, reiße ich aus. ( ) (4))
5 Und da wünschest du Großes für dich?
Wünsche das nicht!
(Denn siehe, ich bringe Unheil über alle Menschen,
(und das ganze Land schlage ich - ist Jahwes Spruch-.)
Doch dir gebe ich dein Leben zur Beute
an allen Orten, wohin du gehst."

---

1 W. Thiel, Die deuteronomistische Redaktion des Buches Jeremia, Inaugural-Dissertation, 2 Bd. (K 19ff.), 1970, 617: "Der ursprüngliche, D vorliegende Text bestand also lediglich aus der in 1a noch erhaltenen Einleitung, dem Klagezitat V. 3, der das Jahwewort einleitenden Botenformel aus V. 4 und aus dem Heilswort (5 a b β) selbst." Vgl. J. P. Hyatt, Jeremia, 1102.
Die Zeitangabe V. 1b streichen Erbt, Duhm, Giesebrecht und Skinner. Direkt schließen sich dann Kap. 45 an Kap. 44 an. Dann muß die Klage des Baruch aus der Situation in Ägypten erklärt werden. Aber Volz, Cornill, Rudolph, Weiser und Bright behalten das Datum in V. 1b bei. Nach Rudolph, a.a.O., 246, ist Kap. 45 das Bekenntnis Baruchs, "daß es sich in all den Lagen, die er im Vorhergehenden schilderte, an ihm erfüllt hat". Aber der Zusatz muß der Absicht der D entsprechend verstanden werden. Vgl. W. Thiel, a.a.O., 608ff.

2 l.c. LXX כִּי

3 כֹּה תֹאמַר אֵלָיו εἶπον αὐτῷ (LXX 51, 34) ist als Zusatz zu streichen, da Baruch und nicht Jeremia angeredet ist, vgl. W. Rudolph, Jeremia, 264.

4 Siehe BHS und P. Volz, 367.

Die vorliegende Konfession Baruchs entstammt der Hand der deuteronomistischen Redaktion. D fügt dem ursprünglichen Text die V. 1b. 4. 5b α hinzu, um zu bestätigen, daß das von Heremia verkündigte Gotteswort (605 v. Chr., vgl. 36, 1ff.) zu diesem Zeitpunkt nach dem Fall Jerusalems (587 v. Chr.) in Erfüllung gegangen war, während das Leben des Baruch von Jahwe beschützt wurde.

Übersicht

Einführung	V. 1a		
(Datum	V. 1b)	D	
Botenformel	V. 2		
Klage	V. 3		
(Drohrede	V. 4)	D	
Tadel	V. 5a α		(1)
Verwarnung	V. 5aβ		
(Begründung	V. 5bα)	D	
Verheißung	V. 5b βγ		

5. 2. 2. Redeform

In dem oben geschriebenen Kontext findet sich eine Frage an Baruch: V. 5a .

V. 5a α: וְאַתָּה תְּבַקֶּשׁ-לְךָ גְדֹלוֹת
"Und da wünschest du Großes für dich?"

Das Wort Jahwes (V. 5aα) ist als Frage ohne Fragepartikel (1) formuliert. Die Frage redet Baruch direkt an. Zur besonderen Betonung des Subjekts ist dem Verbum in 2. Pers. das Personalpronomen vorangestellt: אַתָּה תְּבַקֶּשׁ-לְךָ
Der Gegenstand der Frage wird verbal ausgedrückt: תְּבַקֶּשׁ-לְךָ גְדֹלוֹת
Die reflexive Konstruktion (2) kennzeichnet das Verhalten des Gefragten kritisch als Selbstsucht.
Die eigentliche Frage Jahwes ist eine Entgegnung auf die Klage des Baruch (V. 3).
Der Frage (V. 5aα) folgt zuerst die Verwarnung (V. 5aβ). Und dann fügt D die Begründung für V. 5a (V. 5b β) vor der Verheißung (5bβγ)hinzu, die echt jemerianisch ist.

---

1 Die meisten Kommentatoren übersetzen V. 5a α als eine Frage: Volz, Cornill, Rudolph, Weiser, Bright, JB. Nur Giesebrecht übersetzt diesen Satz als eine Aussage, aber er schreibt: "Beachte die Gedankenübereinstimmung mit 12, 1-3." a. a. O., 227; "Und du solltest große Dinge für dich verlangen - verlange sie nicht, denn ..." Vgl. C. Brockelmann, Hebräische Syntax (1956), § 54 a.

2 Das Reflexivverhältnis ist besonders betont, da לְ statt eines Verbums im hitp. od. nif. benutzt wird. Vgl. R. Meyer, Hebräische Grammatik III (3 1972), § 110, 2a.

5.2.3. Voraussetzung des Tadels

Baruch, der zu einer führenden Familie Judas gehört (51, 59), ist Jeremias Sekretär, der ihm bis zu seinem Lebensende treu blieb und auch mit ihm nach Ägypten verschleppt wurde (43, 6). Daher ist es kein Wunder, daß sich eine gute persönliche Beziehung zwischen beiden findet. Dazu ist Jeremia sein Lehrer. Als Baruch seine Glaubenskrise erfuhr, konnte Jeremia ihm mit dem Wort Jahwes helfen, weil er selbst schon öfters Anfechungen überwinden mußte. So kann Jeremia ein guter Berater des Baruch sein (1).

5.2.4. Anlaß des Tadels

Baruch, der sich der drohenden Katastrophe Judas gegenübersieht, beklagt sich und ist schon ermüdet im Kampf der Anfechtung (2). Sein innerstes Motiv, das sich in der Klage verbirgt, zeigt die Frage Jahwes (V. 5a α): "Großes (3) für sich selbst wünschen." Dieses Motiv zu verstehen, finden sich zwei Möglichkeiten: Seine Ermüdung entstammt

---

1 "In dieser verzweifelten Situation kommt ihm Jeremia mit einem Gotteswort zu Hilfe, der leidenerfahrene Prophet wird zum Seelsorger." A. Weiser, Das Gotteswort für Baruch, Jer. 45, Die sogenannte Baruchbiographie, in: Glaube und Geschichte im AT und andere Ausgewählte Schriften (1961), 324.

2 C. Westermann, Jeremia (2 1972), 7: "Er hat als der Gefährte und Gehilfe Jeremias den schweren Weg durch Anfeindung, Verhöhnung und Enttäuschung mitzugehen. Da kommt dann einmal eine Stunde, in der er sich aufbäumt und wehrt gegen die zu schwere Last, die ihm aufgelegt ist."

3 גְּדֹלוֹת " גָּדוֹל GB: "große Taten", besonders von Gottes Wundern, KBL 170: "Wichtiges", KBL 3, 170 dto. Nach E. Jenni, THAT I (1971), 404: "'Großes, große Taten, von seiten Gottes'." Aber nach R. Mosis, TWAT I (1973), 939: "das ausgezeichnete Geschick, die großen Dinge, die Baruch für sich nicht beanspruchen oder erwarten soll". בִּקֵּשׁ GB: "verlangen", "fordern". Nach S. Wagner, TWAT I, 760: "bei dem allgemeinen Gericht, das das Land trifft, wünscht Baruch für sich 'Großes' (גְּדֹלוֹת). Jeremia kann ihm aber nur Lebensbestand von JHWH's Seite zusagen (Jer. 45, 5, בקשׁ im Sinne von 'wünschen', 'verlangen'), was auch wiederum Handlungen zur Sicherung des Wohlstandes einschließt". גְּדֹלוֹת als große Taten Gottes zu verstehen, meinen GB und Jenni; als Sorge um Wohlstand, Mosis, Wagner und Bright. Vgl. J. B. Bright, a.a.O., 185.

1) der Enttäuschung seines eigenen Wunsches, welche der Sorge um seinen Lebensbestand entspringt, oder dem Scheitern seines großen Ehrgeizes, bei Hofe emporzukommen (vgl. 51,59);
2) der Erschöpfung, daß er nicht mehr der strengen Aufgabe Jahwes folgen kann (vgl. 12,5). Baruch versucht sich seinem Auftrag zu entziehen. Dabei hindert ihn seine große Ichbefangenheit (1), den Sinn in der Tat Jahwes zu verstehen.

Ich würde die zweite Möglichkeit der Deutung annehmen, weil der Tadel sich auf die Glaubenskrise des Klagenden bezieht. Sein Ungehorsam, der im Text als Trauer erscheint (2), stellt einen heimlichen Protest gegen Jahwe dar: du bist mir zu streng! Den Anlaß zum Tadel Jahwes gibt Baruchs Selbstbezogenheit.

5.2.5. Traditionsgeschichte des Tadels

Jeremia gebraucht die Gattung Tadel als Antwort Jahwes auf die Klage des Baruch, die der Form nach ein Glied des Klageliedes des Einzelnen ist (3).

Klage	Tadel	Zusatz	
Jer. 12,1-4	V. 5		
15,10-12	(Der Form nach bedingte Zusage, V. 19 im Moment des Tadels)	Verheißung V. 20f.	
45,3	V. 5aα	Verwarnung V. 5a β	Begründung und Verheißung V. 5b α +βγ

Die Antwort Jahwes, hervorgerufen durch die Klage Baruchs, ist ein Tadel, dessen Struktur den Konfessionen Jeremias gleicht (Jer. 12,1-4+5, 15,10-12,15-18+19+20f.).

---

1 In der Klage des Baruch finden sich viele "Ich" (V. 3).
לי, מכאבי, יגעתי, מצאתי

2 Vgl. 1 Sam. 16,1 auch 15,11. 35.

3 Zu "Kummer" יגון Jer. 8,18; 20,18. Zu "Schmerz" מכאוב Ps. 38,18; 69,27. Zu V. 3b Ps. 6,7 (zu "ermüden" יגע. auch Kgl. 5,5; Ps. 69,4. Zu "Seufzer" אנחה Ps. 31,11; 38,10; 102,6).

5.2.6. Funktion des Tadels

Rüge

Baruch muß wegen seiner blinden Ichbefangenheit und seines Ungehorsams gerügt werden (1). Die Rüge wird mit der folgenden Verwarnung betont (V. 5a): "Wünsche das nicht!"

Befreiung aus der Ichbefangenheit

Der Gefragte sollte anfangen, sich aus seiner engen Ichbefangenheit zu lösen. Baruch muß auch aus seinem Selbstmitleid herausgerissen werden.

Reflexion über seinen Ungehorsam

Die Frage soll Baruch zum Nachdenken veranlassen, warum es in der gegenwärtigen Situation verfehlt ist, große Dinge für sich selbst zu wünschen.

Konfrontation

Dabei haben Drohrede (V. 4) und Begründung (V. 5b α) neben ihrer eigenen Funktion, die deuteronomistische Theologie zu bestätigen, noch eine andere Funktion, nämlich Baruchs Nachdenken anzuregen, indem sie zeigen, daß Gott vernichten muß, was er gebaut hat. Baruch muß die große Gerichtstat Jahwes mit der Erfahrung seines kleinen "Ich" konfrontieren.

5.2.7. Ziel des Tadels

Das Ziel des Tadels in Jer. 45,1-5 ist die Befreiung Baruchs aus seiner egozentrischen Trauer und Einladung zum neuen willigen Gehorsam.

---

1 J. P. Hyatt, Jeremiah, 1103: "There is a tone of rebuke in V. 5, which is directed toward personal lamentation"; A. Weiser, a. a. O., 377: "Aber Gotteshilfe erfährt Baruch nicht da, wo er sie sucht; und ähnlich wie bei Jeremias Klagen (12, 5; 15, 19) enthält die Antwort Gottes zunächst eine Zurechtweisung für Baruch."

2. Gottes-rede 40,6-41,26	Herausforderung v. 7	: "Anworte doch!"
	3. Tadel 40,8	: "Behältst du Recht?"
	Ironische Dichtung 40,9-14	: "Bist du ein Gott?"
	Behemot (= Nilpferd) 40,15-24	: "sieh!"
	Leviatan (=Krokodil) 40,25-41,26 (1)	:

2. Buße 42,1-6

Zwar bemerken viele Autoren Brüche in den Gottesreden und schlagen deshalb eine Änderung der Reihenfolge vor. Sie können aber nicht erklären, warum im überlieferten Text dreimal ein Tadel und zweimal ein Bußbekenntnis anzutreffen ist. Die vorliegende Reihenfolge erklärt dagegen gut, wie Hiob von Stufe zu Stufe zur Selbstbesinnung geführt wird.

6.2. Redeform des Tadels

6.2.1. 38,2 מִי זֶה מַחְשִׁיךְ עֵצָה בְמִלִּין בְּלִי־דָעַת
"Wer ist es doch (2), der die Weltleitung (3) verdunkelt mit Worten ohne Einsicht (4)?"

---

1 Nach E. Ruprecht, Das Nilpferd im Hiobbuch: VT 2 (1971), 207-231, wird in beiden Gottesreden nur ein Tier, das Nilpferd, beschrieben. Aber seine Argumentation dient nicht der Lösung des Problems des Tadels.

2 זֶה ist eine Verstärkung von Fragewörtern, vgl. GB 193f., KBL 254, GK §136c, G. Fohrer, Hiob, 491. Andererseits übersetzt G. von Rad, Weisheit, 289 מִי זֶה "Wer ist es", R. A. F. Mackenzie, The Purpose of the Yahwe Speeches in the Book of Job: Bibl. 40 (1959), 442, gibt es mit "Who is this?" wieder. Bei beiden Übersetzungen ist die Verstärkung der Frage jedenfalls erkannt. R. A. F. Mackenzie schreibt weiter: "In the context, this is the most shattering question that was ever posed. By itself alone it would sufficiently convey the revolution of thought and sentiment produced in Job by the theophany, the radical change of viewpoint to which his speech in 42,2-6 bears witness. God is God, and Job is a creature."

3 "Übersetzungen wie 'Weltplan', 'Vorsehung' (πρόνοια) tragen Anschauungen ein, die dem hebräischen Denken fremd sind. Es handelt sich nicht um die teleologische Frage nach Sinn und Zweck der Welt, sondern um die in den Erscheinungen des Kosmos und des außermenschlichen Lebens sich offenbarende göttliche Vernunft, Weisheit und Einsicht." (G. Hölscher, 91,93). Nach G. Fohrer, Hiob, 499f., meint עֵצָה "nicht die gött-

Das Wort Jahwes (38,2) ist als Frage mit dem Interrogativpronomen מִי formuliert.

Diese Frage ist der Form nach nicht direkt an Hiob gerichtet. Trotzdem kann sie wegen ihres Kontextes als eine direkte Anrede Jahwes an Hiob angesehen werden, da V. 1 wie folgt lautet:

"Da antwortete Jahwe Hiob aus dem Sturmwind und sprach."

In V. 3 wird Hiob direkt angeredet, indem Jahwe ihn mit Nachdruck auffordert, seinen Fragen zu antworten.

V. 3: אֱזָר־נָא כְגֶבֶר חֲלָצֶיךָ וְאֶשְׁאָלְךָ וְהוֹדִיעֵנִי

"Umgürte doch deine Lenden (1) wie ein Mann!
Ich will dich fragen, du belehre mich!"

V. 3a ist eine Ermutigung für Hiob, der der Hybris und gleichzeitig dem Selbstmitleid verfallen ist: "Kopf hoch!"; aber sie klingt hier etwas ironisch.

---

liche Vernunft oder den Ratschluß über Hiobs Leiden, sondern das Wollen und Tun Gottes in Schöpfung und Lenkung der Welt". Nach M. Sekine bedeutet עצה die Weltführung Gottes, die keine direkte Beziehung zu Hiob hat. Der Begriff der "Weltführung Gottes" ist viel breiter als "providence" (M. Pope, Job., 247.250). Der hebräische Begriff enthält den Gottesplan und seine Ausführung. In V. 4ff. zeigt sich eine solche Weltleitung Jahwes, die Hiob weder verstehen noch verändern kann. M. Sekine, Das Buch Hiob (1970), 198f. (japanisch), vgl. G. von Rad, Weisheit 289. Jedenfalls ist es evident, daß das Gesichtsfeld Hiobs viel kleiner und enger als das Gottes ist; trotzdem behauptet Hiob: "Jetzt gib mir Antwort, Schaddai! (31,35)." Als ob Hiob ein gleichberechtigter Partner für Jahwe wäre! Dieses Wort und Verhalten Hiobs werden von Jahwe gerügt, weil sie die göttliche Weltleitung verdunkeln; siehe unten 6.6. (Funktion des Tadels.)

4 Diese Worte finden sich auch in dem Bekenntnis Hiobs (42,3). Nach G. Hölscher, 89, bedeutet Hiobs Bekenntnis eine Selbstbescheidung. Für den Dichter "ist die intellektuelle Selbstbescheidung gerade ein Motiv des religiösen Vertrauens und damit ein Appell an alle, ähnlich wie Hiob, Leidenden, sich unter die höhere Weisheit zu beugen." M. E. bedeuten die "Worte ohne Einsicht", mit denen Hiob den Ratschluß verdunkelt, nicht nur Mangel an objektiver Erkenntnis, sondern auch eine existentielle Umkehrung des Standpunkts Hiobs. Hiob fällt in Hybris, indem er selbst seine Gerechtigkeit behauptet und, wie ein Schöpfer, in der Mitte des Kosmos stehen will (Hi. 31).

---

1 Vgl. Jer. 1,17. G. Fohrer, Hiob, 500, sagt: "Insbesondere findet sich im Alten Orient der Ringkampf zweier nur mit einem Gürtel bekleideter Gegner als Gottesurteil ..." Aber m. E. gehört diese Anrede zur jeremianischen Tradition.

Die Frage Jahwes (V. 8) ist eine Gegenfrage, die sich auf die Provokation Hiobs (31, 35-37) bezieht. Der Gefragte ist jetzt ein Fragender und überwindet mit seiner scharfen Frage den Partner.

V. 8 ist mit der folgenden ironischen, zweiten Gottesrede verbunden.

6. 3. Voraussetzung des Tadels

Damit ein Tadel pädagogisch wirksam sein kann, muß eine gute persönliche Beziehung zwischen tadelndem und getadeltem Partner bestehen. Nach der jetzigen Komposition der Rahmenerzählung mit dem großen Dialog steht Hiob in der guten Beziehung des Glaubens zu Jahwe (Hi. 1, 1. 5) (1). Jahwe rühmt sich des Glaubens seines Knechtes Hiob (1, 8; 2, 3). Auch in seiner harten Prüfung bekennt er noch seinen Glauben und preist den Namen Jahwes (1, 21f.; 2, 10). In der Dichtung kann die Hoffnung Hiobs auf die kommende Rettung festgestellt werden (19, 25) (2). Sehnsucht nach Versöhnung mit Gott fehlt dem verzweifelten Hiob nicht (14, 14-17; 16, 18-20; 17, 3).

Die Freunde Hiobs sprechen ohne Einsicht in die wahre Ursache der Leiden Hiobs. Daher haben sie keine glaubhafte Autorität gegenüber Hiob. Nur Jahwe allein hat wahre Einsicht in die Weltleitung und eine glaubhafte Autorität gegenüber Hiob. Hiob muß leiden, nicht wegen seiner Sünde, wie die Freunde sagen, sondern wegen Jahwes Stolz auf seinen Knecht (3).

Obwohl Hiob an der Gerechtigkeit Gottes verzweifelt, kämpft er um den Ausweg, die Antwort auf seine Frage zu finden. So antwortet Jahwe Hiob aus dem Gewittersturm, um Hiob zur Umkehr zu bringen. Wie ein Weisheitslehrer lehrt er ihn seine Weltleitung, indem er ihm die Schöpfungswelt zeigt. So findet sich eine persönliche und pädagogische Beziehung zwischen Jahwe und Hiob.

---

1 Die Worte תָּם (tadellos) und יְרֵא אֱלֹהִים (1, 1. 8) bezeichnen ein gutes Verhältnis Hiobs zu Jahwe. Vgl. G. Fohrer, 73f. bedeutet die Ganzheit des Gottesverhältnisses. Vgl. G. von Rad, Theol. AT I, 421.

2 "Er kann trotz seines Leidens nicht zugeben, daß er durch eine schwere Sünde das bisher intakte Gottesverhältnis gestört hat." G. von Rad, Theol. AT I, 425.

3 "Dieser auf den Kehricht geworfene Mensch hat gelitten 'als der Ruhm und Stolz Gottes'. So ist also Hiob μάρτυς , Zeuge im besten Sinn des Wortes, indem er zu einem Interesse Gottes klar bejahend Stellung nahm." G. von Rad, Theol. AT I, 422.

6.4. Anlaß des Tadels

6.4.1. Hi. 38,2

Hiob weiß nichts von der Vorgeschichte, die sich im himmlichen Thronrat abspielte, und daher kann er die Ursache seines Leidens nicht versehen (1). Nach der vergeblichen Disputation mit seinen drei Freunden, die ebenso wie er selbst das Vergeltungsdogma vertreten, sucht er keine theoretische Lösung, sondern die persönliche Begegnung mit dem lebendigen Gott (23, 3) (2):

"O wüsste ich, wo ich ihn treffen,
wie zu seiner Wohnung ich gelangen könnte!"

Schließlich provoziert Hiob Jahwe wie in Hi. 31, 35-37:

35 "O, wäre jemand da, der mich hörte!
Siehe da, mein Beglaubigungsschreiben!
Gebe mir Antwort, Schaddai!
Und hier das Schriftstück, das mein Gegner
geschrieben hat.

36 Wahrlich, ich würde es auf meine Schulter nehmen,
und es mir als Diadem umbinden.

37 Ich würde die Zahl meiner Schritte ihm erzählen
und mich wie ein Fürst ihm nähern."

Den Anlaß zum Tadel Jahwes gibt nicht Hiobs unmoralisches Verhalten, wie die Freunde Hiobs willkürlich annehmen wollten. Vielmehr wendet sich der Tadel Jahwes (38, 2; 40, 8) als Zuwendung an die Provokationen Hiobs, die aus der Krise seines persönlichsten Gottesglaubens entsteht (3).

---

1 A. Lauha, Die Krise des religiösen Glaubens bei Kohelet: Suppl. VT 3, 1960, 184: "Hiob fühlt sich unschuldig. Wenn seine Leiden durch den Gedanken der Vergeltung erklärt werden, wird der Glaube an Gottes Gerechtigkeit erschüttert. Gott, der die Quelle aller Gerechtigkeit sein sollte, zerbricht selbst die ethische Weltordnung."

2 R. A. F. Mackenzie, a. a. O., 440: "He is seeking the God of his faith, behind the faceless image of just but inexorable power which the friends describe to him."

3 A. Lauha, a. a. O., 184: "Als dem Hiob Gott in seinem Tun gewalttätig, ungerecht und willkürlich erschien, war auch das ganze Leben sinnlos und willkürlich, dem Sein war jeder Grund entzogen. Diese Sinnlosigkeit alles Bestehenden, die Hiob in seinem Schicksal - ja an seinem eigenen Leibe - erfährt, erfüllt ihn mit Bitterkeit und führt ihn an die äußersten Grenzen der Hoffnungslosigkeit und des Unglaubens." G. von Rad, Theol. AT I, 425: "Das ist gerade das Besondere seiner Situation, daß er sich mit dem Zerbrechen der alten Glaubensvorstellungen an einen theologi-

Man kann eine Ähnlichkeit zwischen einem solchen lehrhaften Frage-Antwort-Schema und der Redeform der Forderung Jahwes bei Hiob feststellen.

Das lehrhafte Frage-Antwort-Schema findet sich ebenfalls in der alttestamentlichen Erziehung (1). Daher kann man die pädagogische Redeweise der Weisheitsschule hinter Hi. 38,2.3, 40,2a.2b.7.8 vermuten.

Teile der Gottesrede (38,12ff.) haben Parallelen in der alten ägyptischen Schulsprache, wie G. von Rad gezeigt hat (2). Im Papyrus Anastasis I gibt es ähnliche rhetorische Fragen wie bei Hiob (3). Auch diese Parallelen zeigen den pädagogischen Charakter der Gottesrede.

---

1 Folgende Texte weisen diese Struktur auf:

a) Jos. 4,6.7.21.22; Dt. 6,20.21: Der Sohn fragt den Vater, und der Vater muß seinem Sohn Auskunft geben.
b) Dt. 29,23-28: Söhne und Ausländer fragen und man antwortet ihnen. 1 Kön. 9,8f. = 2 Chr. 7,21f.: Man fragt, man antwortet. Jer. 5,19; 9,11-15; 16,10-13: Die Texte finden sich im Kontext der Gerichtsbegründung, vgl. W. Thiel, a.a.O., S. 138, 295ff.
c) Die Frage-Antwort-Form findet sich auch in der Prophetie. J. Lindblom, Wisdom in the Old Testament Prophets. Suppl. VT 3 (1955), 201f.: "In respect of style and stylistic devices, the rhetorical question is very characteristic of wisdom literature. It is likewise typical of the diction of the prophets. Sometimes influence from the language of the cult is obvious: Micha 6,6ff.; Hag 2,10; Mal 1,7, but in other passages the question has a more didactic aim: Is 10,5; Jer. 23,38; Ez. 15,2ff.; Am. 3,3-8; 4,12; 9,7; Mal 1,6; 2,14f.17; 3,7f.; 3,13f. It is likely that in such cases the prophets are influenced by the methods of the Wisdom teachers. (Anm. Prov. 1,22; 6,27; 17,16; 20,9; 30,4; Ecc. 1,3; 3,21; 7,14; 8,1; Sir. 10,9. In the Book of Job this mode of expression is very common ...) In some description of prophetic visions the vision is displayed in the form of a dialogue between God or an angelus interprets and the Prophet according to this scheme: What seest thou? ... and I said ... This is the case in two visions of Amos, the vision of the plummet (vii 7f.) and the vision of the summerfruit (viii 2). We have some examples of the same mode of expression in Jer. 1,11f., 13, xxiv 3; Sach. v 1f. Surely we have to do here with a fixed stylistic form. It seems likely that behind this form of question and answer lies the normal didactic method in the teaching of the wise." Vgl. J. Schmidt, Studien zur Stilistik der alttestamentlichen Spruchliteratur (1936), 55.

2 G. von Rad, Hiob xxxviii und die altägyptische Weisheit: Suppl. VT 3 (1955), 293-301 = Gesammelte Studien zum ATI: ThB 8 (3 1965), 262-271.

3 G. von Rad, a.a.O., 299: "Es mögen im Ganzen etwa 50 solcher Fragen sein. Und nun vergleiche man damit die Fragen in Hiob xxxviiif.: 'Belehre mich (3b)', 'wo warst du? - du weißt es ja' (5a) - 'hast du geboten' (12) 'bist du gekommen?' (16a, 22a) - 'sind dir aufgetan?' (17a) - 'hast du gesehen?' (17b, 22b) - 'hast du erkannt?' (18a) - 'wo geht der Weg zu?' (19, 24a) usw."

Sehr schöne Parallelen zu der didaktischen Dichtung in Hi. 38,4ff. stehen ebenfalls im Alten Testament.

In der Weisheitsschule wird die Schöpfungswelt als Lehrstoff gebraucht. So kann der Hinweis auf Tiere nicht überraschen:

Spr. 6,6 "Gehe hin zur Ameise, du Fauler!" (vgl. 30,24-28) Hi. 40,15 "Siehe doch das Nilpferd!"
In den Gottesreden trifft man noch weitere Hinweise auf die Tierwelt an (1).

Die Frage in den Gottesreden erinnert an die Stilform der Schuldfrage (2). Der auffälligen Ähnlichkeit müssen wir im folgenden genauer nachgehen.

Spr. 30,4 "Wer stieg zum Himmel hinauf und stieg herunter?
Wer sammelte den Wind in seine Fäuste?
Wer packte die Wasser in ein Gewand?
Wer setzte fest alle Enden der Erde?
Wie ist sein Name und wie der seines Sohnes?
Du weißt es ja!"

Jes. 40,12 "Wer hat gemessen mit holer Hand das Meer
und den Himmel mit der Spanne bestimmt
und gefaßt im Dreimaß den Staub der Erde
und gewogen mit der Waage die Berge
und die Hügel mit Waagschalen?"

Hi. 38,5 "Wer setzte ihre (sc. der Erde) Maße?
Du weißt es ja!
Oder wer spannte über ihr die Meßschnur aus?"

38,8 "Wer sperrte ab das Meer mit den Toren,
als es sprudelnd aus dem Mutterschoß kam?"

Diese מִי -Fragen leiten sich von der didaktischen Redeweise der Weisen her. Daher haben die Gottesreden auch außer dem Tadel einen pädagogischen Charakter.

Wie bei Jeremia gebraucht der Verfasser des Hiobbuches die Gattung des

---

1 Straußenhenne Hi. 39,13-18, Pferd 39,19-22, Nilpferd 40,15-24, Krokodil 40,25-41-26. G. von Rad, Weisheit, 158: "Fragt man nach der konkreten Abzweckung solcher Tierschilderung, also nach ihrem Sitz im Leben, so wird man wieder an die Schule zu denken haben."

2 G. von Rad, Weisheit, 34.

Mit seinem Tadel und dem Sieg der Gegenfrage beginnt Jahwe, Hiob zu neuer Einsicht zu führen. Eine solche Gegenfrage kann auch eine pädagogische Technik sein. Indem ein Tadel am Anfang der Gottesrede steht, erhält die Gottesrede als Ganzes lehrhaften Charakter (1). Diese Funktion, den Horizont zu erweitern, führt die folgende Frage weiter fort (38,4ff.):

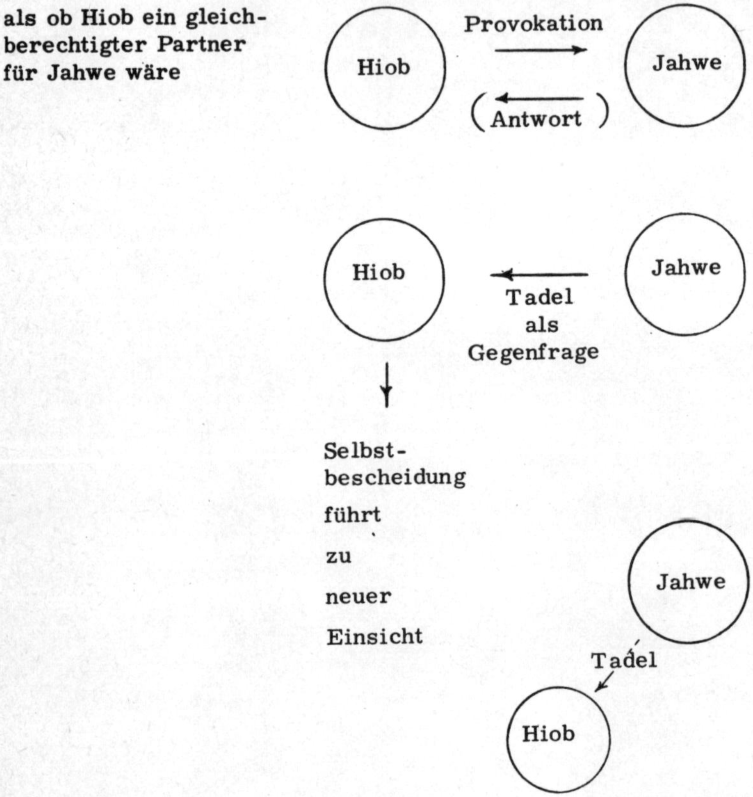

1 Auffällig ist, daß sich in der Gottesrede keine Verspottung, sondern Ironie und Humor finden. Dagegen enthalten die Streitgespräche der Weisen eigentlich eine Verspottung des Gegners.

Jahwe tadelt Hiob und beginnt, ihn aus seinem engen, kleinen Horizont herauszuführen. Das bedeutet auch Befreiung vom Selbstmitleid. Hiob dagegen hält starr an seiner Position und seinem Gesichtspunkt fest. Er will sich selbst so hartnäckig rechtfertigen, daß er ins Selbstmitleid gerät (19,21; 29; 30; 31).

Um Hiob von seiner Ichbefangenheit zu befreien, zeigt Jahwe ihm, dessen Standpunkt aufgrund der Gegenfrage niedergeschlagen ist, die große Schöpfungswelt. Auch diese Funktion, Hiob von seinem Selbstmitleid zu befreien, führt die folgende Frage in der ersten Rede fort (38,4-39,30).

Die Fragen in 38,4ff. sind in ihrer Intention nach eine Fortsetzung des Tadels. Auch sie sollen zum Nachdenken anregen. Jahwe fragt Hiob ironisch: "Wo warst du, als ich die Erde gründete (V.4a, vgl. V.18)?" Dann fordert Jahwe wieder: "Sag an, wenn du solche Einsicht hast (V.4b)." Jahwe zeigt weiter, daß die Schöpfungswelt, die er mit seiner unbegrenzten Weisheit leitet, viel größer als das Ich Hiobs ist. Wie ein Weisheitlehrer wiederholt Jahwe die pädagogischen Fragen, ob Hiob die erstaunlichen Phänomene des Kosmos überall ergründen kann (1). Natürlich ist die Erkenntniskraft Hiobs beschränkt. So drängt Jahwe Hiob zur Umkehr von seiner eigenen ich-bezogenen Meinung (V.5-7), indem er seine Allwissenheit und Allmächtigkeit (2) zeigt: z.B. in der Schöpfung des Meeres, der Meteorologie, der Astronomie (38,22-38) und Zoologie (38,39-39,40).

6.6.2. 40,2a

Im Inhalt nach stellen יִסּוֹר und מוֹכִיחַ das gleiche dar: Wäre Hiob gegenüber Jahwe ein Tadler, als ob er als Erzieher höhere Autorität als Jahwe hätte? Solches Verhalten, den Allmächtigen zu tadeln, ist eigentlich für den Menschen unmöglich. Daher stellt diese Frage (40,2a) einen ironischen Tadel dar. Jahwe tadelt ironisch den Hochmut bei Hiob wie 38,2.

Der zweite Tadel (40,2) hat auch einen Gegenfragecharakter gegenüber der Provokation Hiobs (31,35-37) wie 38,2. Der Standpunkt Hiobs ist schon von der Gegenfrage Jahwes völlig umgekehrt worden. Er ist nicht mehr ein Fragender, sondern ein Gefragter.

---

1 Hiob kann z.B. nicht verstehen, warum Jahwe auf menschenleeres Land regnen läßt (38,25-27). Man denkt immer egonzentrisch und anthropozentrisch. Es scheint dem Bewohner in Palästina sehr irrational und verschwenderisch zu sein, daß es in der menschenleeren Wüste regnet. Aber das ist eben die problematische Denkweise bei Hiob, alles egozentrisch zu denken.

2 Jahwe beschreibt nicht nur negativ die menschliche Grenze der Erkenntnis, sondern positiv "ein heiteres Zugekehrtsein Gottes zu seiner Schöpfung". G. von Rad, a.a.O., 429.

In den Gottesreden mildert der ironische Stil den Ton des Tadels und hilft Hiob, ruhig nachdenken zu können. Nach R. A. F. Mackenzie gebraucht der Verfasser das Mittel der Ironie (1). Jahwe spricht absichtlich so, als ob Hiob wie ein rivalisierender Gott seine Kritik geäußert und eine Provokation versucht hätte - so, als wüßte er alle Geheimnisse von ihm und fordert Hiob auf, seine eigene Kraft zu zeigen (40, 10-12). R. A. F. Mackenzie bemerkt, daß ein Wechsel des Standpunktes zwischen Jahwe und Hiob durch die Gegenfrage in diesem Reden entsteht. Die Fragen, womit die Reden Jahwes beginnen, sind sehr eindrucksvoll und zerschmettern Hiob.

R. A. F. Mackenzie sieht sehr richtig, daß die Funktion der Gegenfrage Jahwes in der Theophanie eine radikale Revolution des in Hiob entstandenen Gedankens und Gefühls und die Veränderung seines Gesichtsfeldes bedeutet, wie das Bekenntnis Hiobs in Hi. 42, 2-6 bestätigt. Nach Mackenzie hat der Stil der Ironie die Funktion, ein Gegengewicht zu bilden. "It makes clear that God is not angry with Hob: that this theophany is a grace, a loving praesence." (2). Wenn auch die Anrede Jahwes ein Tadel ist, die Stimmung ist nicht so hart, sondern sanft und sogar humorvoll (3). Auch den Humor in den Reden Jahwes - wie bei Jona - erwähnen viele (4). Die Wirkung des Humors kommt aus dem weisheitlichen Charakter der Reden.

---

1 R. A.F. Mackenzie, a. a. O., 441: "Ironie is a delicate, even risky, technique, especially when prolonged, as here, over some 70 verses. It may so easily become feeble, or also slip over into sarcasm. It is more daring still, when put in the mouth of God."

2 R. A. F. Mackenzie, ebd., 441.

3 R. A. R. Mackenzie, ebd.: "Irony is tolerant; it may even be humorous; at all events, it excludes anger ... Job, arguing with the friends on their own ground, has uttered many things presumptously; Yahwe's presence naturally involves correction and rebuke, but this tone of irony indicates that it is as gentle as a divine rebuke can be." The Thematik der Ironie findet sich in der Bibel überall, vgl. J. Hempel, Pathos und Humor in der israelitischen Erziehung, Bh. ZAW 77 (1958), 63-81; E. M. Good, Irony in the Old Testament (1965); R. Voeltzel, Das Lachen des Herrn. Über die Ironie in der Bibel (1961).

4 K. Barth, Hiob: BSt 49 (1966), 85 = KD IV/3 (1959), 495. R. de Pury, Hiob. Der Mensch im Aufruhr (2 1962), 33f.; M. Sekine, Kommentar des Buches Hiob (japanisch) (1970), 215f., 221; H. W. Wolff, Studien zum Jonabuch (2 1975), 104; S. H. Blank, "Doest Thou Well To Be Angry?" A Study in Self-pity: HUCA 26 (1955), 35, wendet sich gegen eine Interpretation als Ironie: "To me the overtones of God's words in this passage (sc. Hi. 40, 9-40) do not sound ironical; they sound mildly reproachful, reflective, and challenging ..."

6.7. Ziel des Tadels

Das Ziel des Tadels in den Gottesreden wird in der zweiten Buße Hiobs formuliert (42,2-6). Der Tadel (38,2; 40,2a.8) wirkt mit den anderen Teilen der Gottesreden zusammen, um den Helden der Erzählung zu diesem Ziel zu bringen:
Zuerst soll ihm Einsicht in die Allmacht und Allwissenheit Jahwes (V. 2) gegeben werden, wie es aus den Gottesreden überall mühelos zu ersehen ist.

Dann widerfuhr ihm eine persönliche Begegnung mit Jahwe (V. 5). Er sah den, den er nur vom Hörensagen kannte, d.h. sein Wissen um Gott war theoretischer Natur.

Das Schauen Gottes meint nicht ein körperliches Erleben, sondern die persönliche Begegnung als innerliches Erlebnis, durch die seine Glaubenskrise völlig überwunden wird (1). Zwar wird sein Leiden selbst noch nicht

---

1 A. Lauha vergleicht die Probleme, vor die der Prediger gestellt ist, und seine Lösungen mit denen des Buches Hiob. Obwohl der Ausgangspunkt beider Verfasser ungefähr gleich ist, sind Konklusion und Gedankengang bei beiden ganz verschieden. Der Ausgangspunkt ist die Krise des Glaubens an die Gerechtigkeit Gottes. A. Lauha argumentiert, daß der Verfasser des Buches Hiob den Ausweg aus der Verzweiflung nicht nur theoretisch sucht. Vielmehr "erkämpft" er einen anderen Ausweg, um eine Antwort auf das schmerzliche Fragen seiner Seele zu finden, A. Lauha, a.a.O., 187. A. Lauha erfaßt das Hauptthema Hiobs als einen persönlichen Glaubenskampf, "ich lasse dich nicht, du segnest mich denn", a.a.O., 187. Schließlich erhält Hiob die persönliche Begegnung mit Gott, und "in der Entscheidung des Buches Hiob feiert der alttestamentliche Gottesglaube seinen Triumpf", a.a.O., 187f. Er hat theologisch recht, wenn er sagt: "Hiob hat keine rationale Antwort erhalten; aber allein die Tatsache, daß Gott eine persönliche Verbindung mit ihm einging und zu ihm sprach, war eine größere Wirklichkeit als die Verzweiflung des Menschen und seine unbeantworteten Fragen. In seinen entscheidenden Worten berührt Gott nicht die Leiden Hiobs, sondern er spricht von seiner Allmacht, die in den Wundern der Schöpfung und in ihrem Beherrschen zu sehen ist. Aber durch diese Rede Gottes geht ein neues Licht auf." A.a.O., 187. R.A.F. Mackenzie behandelt das Reden Jahwes im Buch Hiob. Vor allem stützt er die Echtheit und die Notwendigkeit der Reden Jahwes, indem er das Ziel der Jahwereden zu erklären versucht. Er sieht die Notwendigkeit der Theophanie in einer doppelten Absicht begründet: Weil Hiob eigentlich weder eine Erklärung, noch ein menschliches Reden über Gott, sondern eigentlich den lebendigen Gott selbst als Objekt seines Glaubens sucht, sollte die Lösung nicht theoretisch, sondern ein existentielles Ereignis, d.h. die

beseitigt, aber Hiob wird von der Verzweiflung zum Gehorsam und damit zum Glaubenssieg geführt.

Die Buße Hiobs (42,1-6) ist ganz anders, als die Freunde sie von Hiob fordern. Hiob gesteht gar kein Verbrechen ein, sondern seinen völligen Verzicht auf das Vergeltungsdogma und sein Vertrauen auf die freie Gnade Jahwes (1). Hiob hat etwas Wichtiges während des Streitgespräches mit den Freunden aus den Augen verloren, nämlich die freie Gnade Gottes, die die Grenze des Vergeltungsdogmas weit übersteigen kann. Er hat nicht mehr unbegrenzt auf die souveräne Freiheit der Gnade vertraut.

Aber der Tadel Jahwes und die folgenden Reden führen Hiob zum Nachdenken. Insbesondere weist Jahwe Hiob in der zweiten Rede auf die Tiere hin, die "umsonst", "ohne Grund" vorhanden sind. So zeigt Jahwe ihm die nicht auf einen von ihr vorzuweisenden Verdienst gegründete Existenz der Schöp-

---

persönliche Begegnung mit dem lebendigen Gott, sein. Daneben mußte das überwältigende Ganz-anders-Sein Jahwes gezeigt werden. Dadurch, daß die Redeform in den Gottesreden in der direkten Anrede besteht, wird die doppelte Absicht durchgeführt. Vgl. R.A.F. Mackenzie, a.a.O., 436. G.Fohrer, Hiob, 536: "Hiob hat die persönliche Erfahrung der Gemeinschaft mit Gott gemacht, die ihm erfüllt, was er früher gefordert hatte; die Begegnung mit Gott (11,25-27) ... Gott hat nicht sein Leiden beseitigt, sondern ihn in seine Gemeinschaft aufgenommen ... Darin (Gewißheit der Gottesgemeinschaft) liegt die Lösung des existentiellen Problems des Buches Hiob.

---

1 Nach G.Fohrer heißt V.6: Hiob verwirft "seine früheren, vom Vergeltungsglauben bestimmten Worte", a.a.O., 536, Anm. Wichtig ist die Interpretation von J.Kuyper, The Repentance of Job: VT 9 (1959), 91-94: "Job now discerns his folly in employing words or arguments within a moralistic, reward-retribution framework. These words he now rejects as worthless and repents of his folly in using them, therefore I reject (my words), and I repent in dust and ashes." R. de Pury, a.a.O., 35: "Er tut Buße. Aber dabei handelt es sich gewiß nicht um die Buße, die seine Freunde von ihm forderten. Seine Buße besteht vielleicht darin, daß er in der Nacht seiner Prüfung die geheimnisvolle und freie Unentgeltlichkeit des gesprochenen Werkes Gottes aus den Augen verloren hatte ... Ja, Hiob hat durch die hinter ihm liegende Prüfung und durch die Rede Gottes eine neue Schau bekommen."

fungswelt und führt ihm dadurch die Welt der freien Gnade vor Augen (1). "Jahwe hat gegeben, Jahwe hat genommen; der Name Jahwes sei gepriesen." (1,21b). "Wenn wir das Gute von Gott annehmen, warum nicht auch das Böse?" (2,10). Jahwe erbarmt sich Hiobs und erwählt ihn unverdient durch sein freies Erbarmen. Daher dient Hiob "umsonst" Jahwe (1,9). Hiob kehr zu seinem Ausgangspunkt zurück.

Die zweite Buße stellt seine völlige Kapitulation (vgl. die erste Buße) dar und dazu seinen völligen Glaubenssieg, der ihn zum heiteren Gehorsam führen kann.

---

1 Pury, a.a.O., 33, 34: "Die Welt erhält haufenweise wertlose und nutzlose Dinge, d.h. Dinge, die ihren alleinigen Daseinsgrund in der Ehre Gottes und in dem freien Spiel seiner Gnade und seiner Liebe haben ... Wirkliche Dinge, die ganz umsonst da sind! Gerade dieses Wort erinnert an den Prolog und an die Frage des Anklägers. Ohne auf die Fragen und Anklagen einzugehen, und sich zu rechtfertigen oder eine Erklärung abzugeben, beschränkt sich Gott in freundlichem Humor, und zwar so wenig "moralisch" und "religiös" wie möglich, darauf, Hiob in diese Welt der schöpferischen Freiheit und der unbedingten "Nutzlosigkeit" zu stellen, in eine Welt, die für seine Freunde völlig unvorstellbar ist."

Siebentes Kapitel

DER TADEL IM JONABUCH

7.1. Zum Kontext

Am Anfang des 4. Kapitels des Jonabuches ist der Held der Erzählung, der von Jahwe zur Gerichtsverkündigung über Ninive berufen wurde, sehr böse über die Verschonung Ninives durch Jahwe (1,1f., 3,1f.). Er wird zornig und klagt an (4.1-3), indem er die gottesdienstliche Rühmung Jahwes zitiert, die er aber ironisch zum Protest gegen Gott verwendet (4,2b). Er möchte Gottes Erbarmen mit den Heiden nicht akzeptieren und nur noch sterben (V. 3).

Aber Jahwe will Jona um jeden Preis aus seiner eigenwilligen Bosheit herausreißen. Jahwe tadelt Jona zweimal (4,4. 9a), um sein selbstkritisches Nachdenken anzuregen. Und Jahwe setzt sogar seine Geschöpfe ein, nämlich eine Rizinusstaude, einen Wurm, einen Ostwind, um den widerspenstigen Helden sein freies Erbarmen verstehen zu lassen (V. 6-8). Trotz der pädagogischen Bemühungen Jahwes beharrt Jona auf seinem Standpunkt, bis zum Tode zornig zu sein.

In der Schlußfrage (V. 10-11) zeigt Jahwe Jona sein unbedingtes Erbarmen mit den Heiden, um ihn am Ende doch noch zur Besinnung zu bringen.

Übersicht

Anklage Jonas und sein Todeswunsch	1 - 3
der erste Tadel Jahwes	4
Schweigen Jonas	5
Paradigma	6 - 8
der zweite Tadel Jahwes	9a
Todeswunsch Jonas	9b
Schlußfrage	10.11

7.2. Redeform des Tadels

In dem oben beschriebenen Kontext finden sich zunächst zwei Fragen an Jona: 4,4; 4,9a.

7.2.1. V.4 הֲהֵיטֵב חָרָה לָךְ
"Ist es wohl recht (1), daß du zornig (2) bist?"

Das Wort Jahwes ist als Frage mit der Fragepartikel ה formuliert.

Die Frage redet Jona direkt an. Logisches Subjekt ist die zweite Person: לָךְ

Den Gegenstand der Frage bezeichnet das Verbum חרה, das das Verhalten des gefragten Jona kritisch als Zorn bewertet, es beschreibt einen Gemütszustand und steht deshalb im Perfekt.

Die eigentliche Frage Jahwes betrifft das Recht des Zorns (הֵיטֵב); sie ist eine Entgegnung auf die Anklage Jonas (4,2.3), die inhaltlich nicht auf sie eingeht. Gott fordert Jona zur Selbstbesinnung auf, indem sie nach dem Recht (הֵיטֵב) seines Zorns fragt (3).

7.2.2. V.9a הֲהֵיטֵב חָרָה־לְךָ עַל־הַקִּיקָיוֹן
"Ist es wohl recht, daß du wegen einer Rizinusstaude zornig bist?"

V.9a ist gleich V.4 eine Frage in direkter Anrede, die den Zorn der neuen Provokation Jonas (8b) auf ihr Recht hin geprüft haben will. Zusätzlich weist sie mit der Erwähnung des Rizinus auf den neuen Zusammenhang der Frage hin.

---

1 Der Inf. abs. hi. von יטב dient als Adverb und bedeutet "mit Recht". Vgl. LXX δικαίως , R. Meyer, Hebräische Grammatik III, (1972), §103,2d.

2 Bei Gemütsbewegungen fungiert meist das empfindende Körperteil als Subjekt, es kann aber auch fehlen. Zu חרה לך müßte man אף (Nase) ergänzen (wie in Gen. 30,2; 39,19 etc., ohne אף : Gen. 4,5f. Nu. 16,15; 1 Sam. 15,11 etc.) Vgl. C. Brockelmann, Hebräische Syntax (1956), §35b. Nach KBL, 390, bedeutet חרה היטב "mit Recht zürnen".

3 A. Weiser, ATD, 24/1, 226: "So ist auch die Gegenfrage zu verstehen, die Gott dem Propheten als Antwort auf seine verzweifelte Klage stellt. Es ist einfach die Aufforderung zur Selbstbesinnung, die in der Frage Gottes nach der Berechtigung des Zornes des Propheten liegt."

7.3. Voraussetzung des Tadels

Jahwe wirkt hier in Kap. 4 wie ein weiser Vater (1) oder ein geduldiger Lehrer. Obwohl Jona über den Widerruf Jahwes zürnt und widerspenstig ist, will Jahwe sich freundlich als Erzieher Jonas bis zum Ende mühen, um ihn von seiner Bosheit zu retten. Wenn Jahwe Jona schweigen sieht (V. 5), müht er sich weiter mit dem weisheitlichen Paradigma, Jona zu belehren; nämlich mit der Rizinusstaude, dem Wurm, dem Ostwind usw., über die Jahwe als Schöpfer verfügen kann.

Da Jona wieder seinen Tod wünscht, tadelt Jahwe Jona nochmals (V. 9a) in beharrlicher Geduld. Trotzdem bleibt dieser bei seinem großen Unwillen. Aber Jahwe antwortet auch jetzt nicht im Zorn, sondern vergleicht sein großes Mitleid über Ninive mit dem kleinen Selbstmitleid Jonas, zeigt ihm die Freiheit seines Erbarmens und erfragt seine Zustimmung.

So handelt Jahwe bis zum Ende der Novelle, Jona nicht im Stich lassend, als guter Erzieher. Diese pädagogisch zuwartende Beziehung zwischen Jahwe und Jona stellt die Voraussetzung des Tadels dar. Die zweimalige Frage nach dem Guten (הֲיֵטֵב V. 4; הֵטֵב V. 9a) weist auf das Rechtsbewußtsein beim Tadel Jahwes hin.

7.4. Anlaß des Tadels

7.4.1. V. 4

Zorn

Den Anlaß zum Tadel Jahwes (4,4) gibt der Zorn Jonas (V. 1). Wie oben beschrieben, zürnt Jona über den Widerruf Jahwes, Ninive nicht zu vernichten. Er ist sehr böse und schreit zu Jahwe (V. 1. 2a) (2). Er erhebt

---

1 J. D. Smart, IntB VI, 892: "suggesting a gentleness and a pity on the part of God toward Jona, as a parent might speak to a sulking child." W. Rudolph, KAT XIII/2, 365: "Die Antwort Jahwes (V. 4) ist eine Frage und fällt ebenso durch Kürze wie durch Milde auf. Es erfolgt kein göttliches Donnerwetter wegen Ungebühr, sondern Jahwe handelt wie ein Vater, der dem unartigen Kind, das im Zorn über die Stränge schlägt, seine Verkrampfung zu nehmen sucht."

2 Zum Anlaß des Tadels müssen folgende Parallelen betrachtet werden:
Jona — Jona 4, 1b. 2a: וַיִּחַר לוֹ׃ וַיִּתְפַּלֵּל אֶל־יְהוָה
"Und er wurde zornig. Er schrie zu Jahwe."
Kain — Gen. 4, 5b: וַיִּחַר לְקַיִן מְאֹד וַיִּפְּלוּ פָּנָיו
"Daher wurde Kain sehr zornig und senkte sein Gesicht."
Samuel — 1. Sam 15, 11: וַיִּחַר לִשְׁמוּאֵל וַיִּזְעַק אֶל־יְהוָה כָּל־הַלָּיְלָה
"Und Samuel wurde zornig und er schrie die ganze Nacht zu Jahwe."

sogar das Bekenntnis zur Anklage (1) (V. 2b) und wünscht seinen Tod herbei (V. 3) (2). Hinter der Bosheit Jonas verbirgt sich seine Verzweiflung an Gottes Gerechtigkeit und am Sinn, weiter Jahwe zu dienen: Warum erbarmt sich Jahwe über die gewalttätigen Feinde Israels? Wo bleibt da der Gott des Gerichts? Die Anklage Jonas provoziert Gottes Antwort als Gegenfrage.

Nun ist Jona in Wahrheit kein Prophet des 8. Jahrhunderts (3), sondern nur ein Held der Novelle, hinter dem Israeliten zur Zeit des Verfassers stehen; nämlich die Frommen in der nachexilischen Zeit (4).

Hinter der Verzweiflung Jona-Israels stehen die Einsichtslosigkeit, der die Gnade Gottes nicht verstehen kann, und der Ungehorsam, der die souveräne freie Gnade Gottes nicht zu akzeptieren vermag.

So darf als Sitz im Leben des Tadels bei Jona die Krise des Glaubens, wie bei Jeremia und Hiob, bezeichnet werden (5).

Es fällt auf, daß diese Parallelen die Worte enthalten, die Jahwes Tadel veranlassen. Ihre Reaktion auf Gottes scheinbar unrechtes Verhalten ist der Zorn, woraus Samuels Schreien und Jonas Gebet zu Jahwe resultiert, während Kain gesenkten Hauptes schweigt.

1 Und die Israeliten schrien zu Jahwe. Nachdem die Israeliten zu Jahwe schrien (Ex. 14, 10), bringen sie Mose ihre Beschwerde vor. Dabei findet sich eine andere Parallele zu Jona 4, 2.
Ex. 14, 12: הֲלֹא־זֶה הַדָּבָר אֲשֶׁר דִּבַּרְנוּ אֵלֶיךָ בְמִצְרַיִם
"War das nicht das Wort, das wir in Ägypten zu dir gesagt haben?
Jona 4, 2: הֲלֹא־זֶה דְבָרִי עַד־הֱיוֹתִי עַל־אַדְמָתִי
"War das nicht mein Wort, als ich noch in meiner Heimat war?"

2 Vgl. Mose: Nu. 11, 15; Elia: 1 Kön. 19, 4; Jeremia: Jer. 15, 10; 20, 14-18; Hiob: Hi. 3, 1ff.
H. W. Wolff, RGG III (3 1959), 853: "Der Prophet möchte endgültig durch den Tod aus Jahwes Dienst scheiden (V. 3)."

3 2 Kön. 14, 25.

4 J. Jeremias, Die Reue Gottes (1975), 98: "Jona wird seiner Tätigkeit nach im Anschluß an 2 Kön. 14, 25 als Prophet geschildert, zugleich aber ist Jona seinem Verhalten nach als typischer Israelit gezeichnet, der am Ende des Buches von Jahwe belehrt wird, d. h. Jona verkörpert zugleich den Höerer bzw. Leser, den der Verfasser der Novelle ansprechen möchte."

5 Wie die Israeliten in der Wüste an der Möglichkeit der Flucht verzweifeln, so verzweifelt Jona an der Verschiebung des Gerichts Jahwes über die Heiden, vgl. Ex. 14, 10ff.

7.4.2. V. 9a

Der erste Tadel Jahwes (V. 4) kann noch nicht sein Ziel erreichen, weil Jona weiter engherzig böse bleibt und schweigend gegen Jahwe protestiert (1). Anstatt über sein eigenes Verhalten nachzudenken, erwartet er den Untergang der Stadt (V. 5). Das bedeutet, daß seine Verzweiflung sich zu einem Hohn gegen Jahwe steigert und sein Selbstmitleid in den Vordergrund rückt.

Jona ist diesmal böse wegen der verwelkten Rizinusstaude, die Jahwe aufgrund seines Erbarmens ihm geschenkt hat. Sein Mitleid kommt eigentlich aus seiner Ichsüchtigkeit. Die verborgene Selbstsüchtigkeit gibt Anlaß zum Tadel Jahwes. Jahwe will Jona wieder zur Selbstprüfung bringen und aus seinem Selbstmitleid herausreißen (2). So ist der Anlaß zum Tadel Jonas Selbstmitleid (V. 9a).

7.5. Traditionsgeschichte des Tadels

7.5.1.

Der Verfasser des Jonabuches gebraucht die Gattung des Tadels als ein Glied innerhalb des Rahmens der Novelle. Wie in den Konfessionen Jeremias (12, 1-5) und den Gottesreden im Hiobbuch (38, 1ff.) der Tadel (Jer. 12, 5; Hi. 38, 2; 40, 2a. 8) eine wichtige Rolle spielt, so hat der Tadel in Jon. 4, 4. 9a hoch pädagogische Funktionen.

So muß der Tadel hier (V. 4. 9a) als theologisch-erziehender Tadel bestimmt werden. Während in Familie-Schule-Erziehung Vater oder Lehrer Erzieher sind, wirkt hier in der Glaubenskrise des Anklagenden Jahwe als Erzieher. Ein Vergleich von besonders wichtigen theologischen Texten mit Jon. 4 kann uns die Ähnlichkeit der Struktur dieser Texte klar machen (3).

---

1 Auch Kains Protest drückt sich in seinem Schweigen aus: Gen. 4, 5b β
וַיִּפְּלוּ פָּנָיו

2 Bosheit und Selbstmitleid wurzeln beide in dem geheimen Selbstehrgeiz, der sich hinter dem Erwählungsbewußtsein verbirgt; vgl. Mt. 20, 10ff.; Lk. 15, 25ff.

3 S. H. Blank hat eine der Funktionen des Tadels (=rebuke) gefunden, die Jona von dem Selbstmitleid befreit (Kap. 4). Obwohl die genauen Verse bei ihm noch unklar bleiben, deuten der Titel seines Aufsatzes "Doest Thou Will To Be Angry?" und der Inhalt an, daß es sich Jona 4, 4. 9a10. 11 um Tadel handelt. Aber er betont insbesondere die Funktion der Schlußfrage V. 10. 11. Dazu weist er auf die Parallelen zuerst in Baruchs Konfesstion Jer. 45, 3-5 und weiter in den Konfessionen Jeremias 12, 5;15, 19

Kläger	Anlaß	Todeswunsch	Tadel
Jeremia	Jer. 12, 1 (15, 18)	(15, 10; 20, 14-18)	12, 5 (15, 19)
Baruch	Jer. 45, 3		45, 5a
Hiob	Hi. 31, 35-37	3, 1ff.	38, 2; 40, 2a. 8
Jona	Jon. 4, 1-3	4, 3. 8b	4, 4. 9a

7.5.2. Der Tadel tritt uns im Jonabuch in einer spezifisch literarischen Form entgegen, geprägt durch weisheitliche Paradigmen (V. 6-8) und rhetorisch pädagogische Fragen (V. 10-11). Von diesem Standpunkt aus betrachtet, ist der Tadel im Jonabuch dem Tadel im Hiobbuch sehr ähnlich.

7.5.2.1. Ähnlichkeiten

	Jona	Hiob
Anklage	4, 1-3	31, 35-37
Todeswunsch	4, 3. 8b	3, 1ff.
Frage (= Tadel)	4, 4. 9a	38, 2; 40, 2a. 8
die folgenden Elemente	4, 6-8 Paradigma 4, 10-11 Schlußfragen	38, 4ff. (außer Tadel selbst) Lehrdichtung
Tendenz	weisheitlicher Schöpfungsglauben	weisheitlicher Schöpfungsglauben
Theologie	Sieg der freien Gnade Jahwes	Sieg der freien Gnade Jahwes

---

und sogar in Hiob 38ff. hin. Er konnte zwar noch nicht die feste Redeform und Gattung des Tadels bestimmen. Aber er ist dem Strom der Traditionsgeschichte des Tadels nachgegangen und hat thematisch die Funktion des Tadels gefunden. S. H. Blank, HUCA 26 (1955), 29-42.

7.5.2.2. Unterschiede

	Jona	Hiob
Elemente außer Tadel	Paradigma (V. 6-8) Schlußfragen (V. 10. 11)	Gottesreden, die einige Herausforderungen 38, 3. b; 40, 2b. 7 und große Reihe Fragen einschließen
Reaktion des Klägers	wiederholter gesteigerter Widerstand 4, 5. 8b. 9b	wiederholte gesteigerte Buße 40, 3-5; 42, 1-6
Schluß	offen; der Leser selbst soll entscheiden	Buße Hiobs (und Wiederherstellung)
Rahmengattung	Novelle	Gottesreden in poetischer Form = Lehrdichtung

7.5.3. Dann dürfte man vermuten, daß der Verfasser des Jonabuches ungefähr am Ende der Traditionsgeschichte des Tadels im Alten Testament steht. Er gebraucht den Tadel hoch literarisch als Glied innerhalb der Rahmengattung Novelle. Von daher werden die pädagogischen Züge in Kap. 4 als Ganzes stark vom Tadel beeinflußt und durch ihn charakterisiert.

7.6. Funktion des Tadels

7.6.1. V. 4

Wie stark auch immer die Bosheit Jonas ist, kann Jahwe ihr nicht nachgeben. Jahwe muß als ein echter Erzieher zuerst das schlechte Verhalten Jonas rügen und seine selbstsüchtige Absicht verhindern. Insofern Jona seine Einsichtslosigkeit und Schuld nicht eingestehen will, muß er noch befragt werden. Wenn auch die Stimmung so mild ist, bedeutet die Frage (V. 4) vor allem Jahwes geduldigen Widerstand gegen die Bosheit Jonas und gegen seine Selbstsüchtigkeit (1).

Doch verläßt Jahwe Jona nicht, vielmehr führt er ihn zur Selbstprüfung und Besinnung. Die zweite Funktion des Tadels ist Anregung zu ruhigem Nachdenken (2).

Die Frage steht als eine Gegenfrage auf die Anklage Jonas (3). Jahwe ist Jona keine Rechenschaft schuldig. Aber Jahwe fragt Jona und ergreift die Initiative, um ihn zu einem höheren Horizont der Einsicht zu führen.

Zu diesem Ziel benutzt Jahwe noch andere Mittel außer dem Tadel. Wie ein Weisheitslehrer zeigt ihm Jahwe seine Geschöpfe; eine Rizinusstaude, einen Wurm, einen Sturm, die Sonne usw. und läßt ihn sie nicht nur beobachten, sondern auch Freude und Böses mit ihnen erleben.
So führt dieses Paradigma (V. 6-8) die Funktion des Tadels (V. 4) weiter fort, indem es mit dem Tadel verbunden ist; Jahwe fordert nämlich Jona auch durch das Paradigma zum Nachdenken heraus (4).

Eine Funktion des Tadels, die Nachdenken herausfordert, ist mit dem weisheitlichen Schöpfungsglauben verbunden und wird im Naturhinweis ausgeführt.

7.6.2. V. 9a

7.6.2.1. Befreiung aus seinem Selbstmitleid

Jahwe tadelt Jona wieder, aber er rügt die Bosheit diesmal wegen der verwelkten Rizinusstaude. Durch das Paradigma wird uns klar, daß die Ursa-

---

1 J. A. Bewer, Jona, 57: "Jonah's anger is most unreasonable, but of course he does not see it. The author wants to lay stress on this, so Jahweh says to the prophet, Doest thou think thou art justified in being so angry? This involves a reproof."

2 J. A. Bewer, a. a. O., 57, 58: "But Jahweh is dealing gently with him. He is no haste to insist on swift repentance, but wants to develop in Jonah the thought of the impropriety of his anger." H. W. Wolff, Studien zum Jonabuch (2 1975), 120: "Er will Jonas ruhiges Überlegen anregen." W. Rudolph, a. a. O., 365: "Jahwe sagt: Überlege dir doch einmal, ob es in Ordnung ist, daß du dich so aufführst, er ruft ihn also zur Selbstbesinnung (vgl. Gen. 4, 6)."

3 Vgl. 7.2.1 und Anm. 3.

4 Ein Weisheitslehrer fordert auch Beobachtung der Tiere und anderer Geschöpfe, z. B. Spr. 6, 6ff.: "Gehe hin zur Ameise, du Fauler!", vgl. Spr. 24, 30; 30, 24-28; noch: Hi. 38ff., insbesondere 40, 15-24; 40, 25-41, 26.

che seiner widerspenstigen Bosheit in seinem Selbstmitleid liegt. Von außen gesehen verzweifelt er zwar an der Gültigkeit der Gerechtigkeit Gottes, aber innerlich kümmert er sich nur um sein kleines eigenes Wohlbehagen. Das Selbstmitleid Jonas wird sichtbar nicht erst bei dem Verwelken der Rizinusstaude, sondern ist tief verwurzelt in seiner Selbstsüchtigkeit. Ein egoistischer Diener will nicht erlauben, daß Jahwe sich auch über die Heiden erbarmt und Ninives Vernichtung aufhebt. Der Tadel Jahwes fordert mild, aber scharf sein Nachdenken heraus; aber wie kann er von diesem kleinlichen Ich befreit werden? Der Tadel (V. 9a) gibt hier "den Stab weiter an den nächsten Läufer". Die Schlußfragen wollen bewirken, daß Jona zu Jahwes größerer Welt der Gnade, zu einem höheren Horizont der Einsicht und damit zum heiteren Gehorsam geführt wird.

7.6.2.2. Ausweitung des Gesichtsfeldes und Einladung zum heiteren Gehorsam

Obwohl die Schlußfragen keinen Tadel darstellen, weil ihre Redeform nicht die des Tadels ist, führen sie seine Funktion fort, Nachdenken anzuregen (1). Indem Jahwe in den Schlußfragen sein viel größeres Mitleid mit Heiden und Tieren in Ninive Jonas Selbstmitleid gegenüberstellt, führt er Jona zu einem höheren Horizont der Einsicht und zur größeren Welt der Barmherzigkeit Jahwes (2).

7.7. Ziel des Tadels

Hinter dem Zorn des Helden liegt das Murren der Gottesfürchtigen der nachexilischen Zeit, das der Selbstbehauptung Jonas entspricht. Jahwe will Jona unbedingt aus seiner Bosheit befreien und zuletzt sein freies Erbarmen verstehen lassen. Der Tadel Jahwes wirkt mit anderen Elementen zusammen, Jona zum Ziel zu führen.
Jona soll die souveräne Freiheit von Jahwes Erbarmen akzeptieren und mit großer Freude die unverdiente Gnade für alle anerkennen und ohne Selbstsucht ihm dienen.

---

1 NT: Mt. 6,25ff.; Joh. 4,35; vgl. G. von Rad, Weisheit, 290ff. S. H. Blank, a. a. O., 29, findet die Funktion des Tadels auch in V. 10. 11. Wie wir oben geschrieben haben, führen die Schlußfragen die Funktion des Tadels fort, Nachdenken anzuregen, indem sie mit dem Tadel (V. 9a) verbunden werden.

2 Am Ende des Jonabuches findet sich keine Antwort Jonas. Der Leser soll selbst antworten.

"Was werden wir nun sagen? Ist etwa bei Gott Ungerechtigkeit? Das sei ferne! Spricht er doch zu Mose: Ich werde mich erbarmen, wessen ich mich erbarmen will, und ich werde Mitleid haben, mit wem ich Mitleid haben will." (1)

1 Röm. 9,14-15.

Achtes Kapitel

SCHLUSSFOLGERUNGEN

1) Formgeschichte des Tadels - Tadel, eine didaktische Gattung

2) Theologie des Tadels

8.1. Formgeschichte des Tadels - Tadel, eine didaktische Gattung

8.1.1. Redeform

Wie wir oben gesehen haben, können die Kennzeichen der Redeform des Tadels formgeschichtlich wie folgt bestimmt werden:

a) Frageform: Der Tadel ist in die Form der Frage gekleidet, mit oder ohne Fragepartikel.
b) Direkte Anrede: Der Getadelte wird immer direkt angeredet.
c) Das Verb: In der Frage enthält das auf das befragte Subjekt bezogene Verbum eine kritische Bewertung des unrechten Verhaltens des Getadelten.

8.1.2. Anlaß

a) Beim Tadel zwischen Menschen - Vater und Sohn, Lehrer und Schüler - gibt das unrechte Verhalten des Getadelten Anlaß zum Tadel. Hinter seinem unrechten Verhalten steht seine Einsichtslosigkeit. Die tadelnde oder kritische Frage kann moralisch-erziehender Tadel genannt werden; Gen. 37,10; Ex. 2,20; 1 Sam. 2,23; 2 Sam. 19,23; 1 Kön. 1,6; Spr. 5,20; 6,9a.

b) Wenn Jahwe die Menschen tadelt, gibt deren Verhalten in ihrer Glaubenskrise hierzu den Anlaß. Hinter solchem Verhalten, z. B. Zorn, Stolz, Ich-Befangenheit usw. steht die Einsichtslosigkeit gegenüber dem Willen Jahwes. Solche Fragen können als theologisch-erziehender Tadel charakterisiert werden; Gen. 4,6; 1 Sam. 16,1. Theologisch besonders wichtige Texte sind Jer. 12,5; 45,5a; Hi. 38,2; 40,2a. 8; Jon. 4,4. 9a.

8.1.3. Funktion

Die Funktionen des Tadels können im allgemeinen wie folgt bestimmt werden:

a) das schlechte Verhalten wird gerügt (Gen. 37,10; Ex. 2,20; 1 Sam. 2,23; 2 Sam. 19,23; 1 Kön. 1,6; Spr. 5,20; 6,9a)
b) das Nachdenken wird angeregt.

Das Verb in der Frage hilft der Selbstbesinnung zur Orientierung. Wenn der höher gestellte Partner - Vater oder Lehrer - als ein Erzieher den niedriger gestellten Partner - Sohn, Tochter oder Schüler - tadelt, wird der Getadelte herausgefordert, über sein Verhalten nachzusinnen. So kann er durch den Tadel zur Besserung oder zu einem neuen Einsichtshorizont geleitet werden.

In der Pädagogik kann im besonderen die Gegenfrage gebraucht werden. Wenn ein Tadel als Gegenfrage formuliert wird, bekommt er zwei weitere Funktionen:

a) Der Erzieher lehnt es ab, Rechenschaft über das eigene Verhalten abzulegen; Jer. 12,5; Hi. 38,2. Die Gegenfrage drängt den anderen in eine Abwehrposition. Der Fragende wird zum Gefragten.
b) Wenn der höher gestellte Partner eine pädagogische Absicht verfolgt, kann er den niedriger gestellten Partner zu neuer Einsicht führen und ihm ein noch weiteres Blickfeld eröffnen.

8.1.4. Ziel

Der Tadelnde - sei es Jahwe oder ein Mensch - tut dies immer von oben her nach unten in der pädagogischen Absicht, den Getadelten zu bessern oder zu einem neuen Einsichtshorizont zu leiten.

8.1.5. Voraussetzung

8.1.5.1. Liebe

Zwischen Tadelndem und Getadeltem muß grundsätzlich eine gute persönliche Beziehung bestehen. Diese Beziehung soll durch den Tadel nicht zerbrochen werden.
Auch wenn Jahwe den Menschen tadelt, wird eine gute Beziehung vorausgesetzt. Trotz des menschlichen Fehlverhaltens will Jahwe durch den Tadel - statt eines Gerichtsurteils - die gute Beziehung aufrecht erhalten (Dt. 8,5; Spr. 3,11f.).

8.1.5.2. Autorität

Der Erzieher besitzt Autorität in der Erziehung Israels. Der Tadler tadelt immer von oben nach unten.

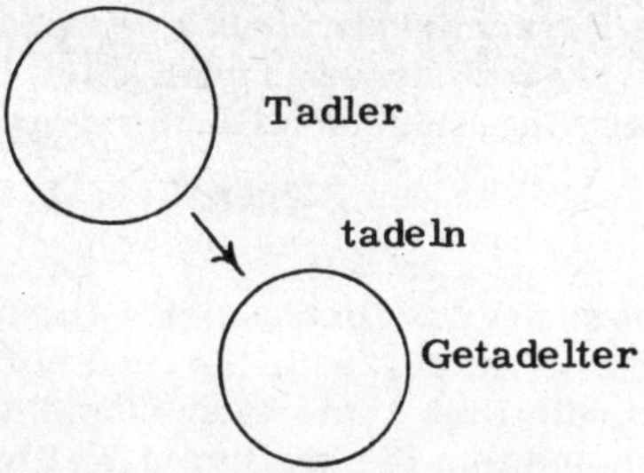

In Gott ist die Autorität der Erziehung begründet (Spr. 6,16ff.).

8.1.5.3. Rechtsbewußtsein

Die Erziehung Israels hat ihren Grund im Rechtsbewußtsein. Zwei zentrale Begriffe der Sippenweisheit sind Recht und Gerechtigkeit: die Frage nach dem Guten ist die Basis des Tadels (תֵּיטִיב Gen. 4,7 zweimal; טוֹבָה 1 Sam. 2,24; הֵיטֵב Jon. 4,4a.9).

8.1.6. Sitz im Leben

Der Sitz im Leben des moralisch-erziehenden Tadels ist eigentlich die Familienerziehung. Der Vater tadelt den Sohn und die Tochter wegen ihres schlechten Verhaltens; Gen. 37,10; Ex. 2,20; 1 Sam. 2,23, vgl. 1 Kön. 1,6. In der Schulerziehung Israels benutzt auch der Weisheitslehrer den Tadel in der Form der Frage. Spr. 5,20; 6,9a zeigen diese Möglichkeit.

In beiden Fällen geht es um pädagogische Weisheit. Daher ist der Sitz im Leben des moralisch-erziehenden Tadels weder der Kultus noch das Gericht, sondern ein alltägliches Gespräch zwischen dem Erzieher und dem Zögling.

Wenn ein Tadel in der Frageform selbständig vorkommt, auch wenn er nur sehr kurz und einfach ist, kann er eine eigene Gattung darstellen, vgl. 1 Kön. 1,6.

Öfter kommt die Redeform des Tadels als Glied innerhalb anderer Gattungen vor. Wenn die Redeform des Tadels als Anrede der Weisen in den Spr. gebraucht wird, ist die Frage immer mit anderen pädagogischen Redeformen - bedingte Zusage, Mahnung oder Zusage - verbunden (Spr. 5,20; 6,9a; 1.22ff.)

Außerdem ist die Redeform des moralisch-erziehenden Tadels in die Redeform des theologisch-erziehenden Tadels übertragen worden. Der Tadelnde ist nicht mehr irgendein Mensch, sondern Jahwe. Der Getadelte zeigt kein moralisch unrechtes Verhalten, sondern er wird zornig oder klagt wegen seines Zweifels an Jahwes Gerechtigkeit. Daher ist der Sitz im Leben ein anderer als beim moralisch-erziehenden Tadel. Hier liegt keine Familienerziehung mehr, sondern eine Krise des Glaubens vor.

Die Antwort Jahwes ist eine Gegenfrage an den Kläger; Jer. 12,5; 45,5a; Hi. 38,2; 40,2a. 8.

Im Rahmen der Lehrdichtung der Jahwereden des Hiobbuches - Hi. 38ff. - findet sich der Tadel in den Gegenfragen 38,2; 40,2a. 8. Sie sind mit den großen rhetorischen Fragen verbunden, die Hiob zum neuen Einsichtshorizont in die große Schöpfungswelt führen und ihm die kraftvolle Weltleitung Jahwes zeigen sollen. In Jer. 12,1-5 begrenzt der Tadel als Gegenfrage die Klage und Provokation Jeremias - hier im Rahmen der Gattung der Klagelieder des Einzelnen. Im Jonabuch steht der Tadel Jon. 4,4. 9a als Gegenfrage auf die Provokation Jonas hin im Rahmen der lehrhaften Erzählung der Novelle.

8.1.6.3. Nachtrag

Die bedingte Zusage, die den Tadel inhaltlich einschließt. Die Antwort Jahwes in Jer. 15,19ff. ist nicht in eine Frageform, sondern in die Redeform einer bedingten Zusage gekleidet. Doch findet sich dort zweimal die Bedingung אִם und das Wort זוֹלֵל (Gemeines). Ähnlich wie in Jer. 15,19 finden wir zwei bedingte Zusagen in Hi. 11,14; 22,23, dort mit dem Wort עַוְלָה (Unrechtes). Solche bedingten Zusagen schließen den Tadel nicht als Formelement, sondern als Sachelement ein.

Die bedingte Zusage ist auch eine pädagogische Redeform der Weisen, die sehr sorgfältig seelsorgerlich eingesetzt wird. Sie enthält zunächst etwas Kränkendes, was aber in der Zusage aufgehoben wird. So wird auch der Prophet Jeremia durch das Element des Tadels in der Jahwerede zunächst ernst ermahnt und dann durch die folgende Zusage ermuntert, die gestellte Bedingung zu erfüllen. Der Tadel hat die Funktion, zur Zusage zu führen.

8.2. Theologie des Tadels

Die Eigentümlichkeit des Tadels Jahwes kann man aus der pädagogischen Weisheit Israels erheben. Das Ziel der Erziehung ist eine Besserung des Menschen. So tadelt der Erzieher mit seiner Frage den, der am Unrecht festhält und eine Selbstbesinnung ablehnt. Der Tadel bedeutet dann ein Eingreifen und Kränken, d.h. das schlechte Verhalten wird gerügt, um das Nachdenken herauszufordern. Diese Bedeutung des Tadels ergibt sich aus dem hebräischen Synonymen (עצב II, יסר pi, יכח hi, כהה pi, גער qal).

Tadel ist daher kein Gerichtswort, in dem eine Zukunft für den Getadelten verneint wird, er ist auch keine Drohung, durch den eine Anerkennung erzwungen wird. Tadel will dienen blinden Gehorsam erzwingen, bei dem ein Nachdenken ausgeschlossen wird, sondern der Getadelte soll nachdenken und einsichtig werden.

Auch der von Jahwe Getadelte soll selbst willig dem Willen Jahwes folgen. Die Menschen fallen oft in Anfechtung, in die Krise des Glaubens, sie verstehen den Willen Jahwes nicht mehr, haben Schwierigkeiten, ihm weiter nachzufolgen. Wenn sie dann klagen und ihn provozieren wie Jeremia, Hiob und Jona, antwortet Jahwe mit dem Tadel, weil hinter der Provokation die Unwissenheit steht.

Dieser theologisch-erziehende Tadel unterscheidet sich auch vom unbedingten Heilsorakel sowie vom scharfen Gerichtswort. Jahwe verweigert die direkte Antwort, er gibt keine Rechenschaft. Er tadelt mit der Gegenfrage, um dem Getadelten ein neues, weiteres Blickfeld zu eröffnen. Er wird selbst ein Fragender, übernimmt die Initiative für den Menschen. Er wirkt als Handelnder, behält alles in seiner Hand, zeigt dem Kläger die Welt seines Willens in neuem Licht. Damit wird der Kläger vom Selbstmitleid befreit, aus der Enge seiner Ichbefangenheit herausgeführt. Er wird ermuntert, aufs neue gehorsam zu sein. Jahwe führt durch seinen Tadel den Kläger heraus aus der Welt, die er nach seinem kleinen, menschlichen Maßstab mißt, in eine größere Welt mit von Gott gesetzten Dimensionen. Hier hat der Tadel im AT die Funktion, die gnädige Zuwendung Jahwes und die persönliche Begegnung mit ihm auszudrücken.

Jahwe tadelt die Kläger nicht zornig, sondern in liebevoller, seelsorgerlicher Zuwendung. Er greift gegen den Widerstand des Menschen in dessen Glaubenskrise ein, um zum Nachdenken anzuregen. Er verläßt solche Menschen in ihrer Anfrechtung nicht; sondern zielt darauf ab, sie zu einem neuen Einsichtshorizont zu führen. Durch Anfechtung wird der Glaube des Menschen gestärkt (vgl. Heb. 12, 5-11).

Jahwes Tadel ermuntert die Menschen zum Gehorsam. Als erziehender Partner, der das Gute will, tadelt er den noch unmündigen und erzieht ihn zur Mündigkeit. Seine Erziehung führt also nicht in die Abhängigkeit, verstärkt den Unterschied von Höherem und Niedrigerem nicht, sondern Jahwe will durch seine weitschauende Liebe - die Erziehung um des Menschen willen notwendig macht - den Menschen als echten Partner, als sein Gegenüber haben, der in Einsicht handelt, willig folgt, mündig ist. Eine solche Erziehung wertet den Menschen auf, läßt ihn nicht los, bis er selbst sieht und begreift, warum Gott ihn nicht auf dem unrechten Weg belassen will. Tadel aus Liebe - nicht unter Abwertung des Menschen -, Tadel zum Heil, Tadel zum Segen, Tadel zum Leben - das war auch das Erziehungsziel in Israel.

Die bisherige Erforschung des Tadels im AT beleuchtet die Deutung der Gnade und des Gerichts Gottes.

Jahwe ist ein gerechter und barmherziger Gott, voller Langmut, der selbst Reue empfindet über seinen eigenen harten, aber gerechten Urteilsspruch (Jon. 4, 2). Daher erzieht er Menschen mit Geduld und Sorgfalt wie ein zärtlicher Vater oder ein guter Weisheitslehrer (Jon. 4, 1ff.).

Jahwe will zwar den Menschen zurechtweisen, was durch Leiden oder Worte geschieht, aber ihn nicht vernichten (Jer. 10, 24).

Jahwe, "der sich erbarmt, wessen er sich erbarmen will" (Röm. 9, 15), erbarmt sich des Menschen frei und souverän (Hi. 38ff.; Jon. 4, 10f.).

Der Mensch fällt oft in die Glaubenskrise (Jeremia, Hiob und Jona). Keine theoretische Lösung, sondern die persönliche Begegnung mit Jahwe selbst ist die einzige Überwindung des Problems, das durch Anfechtung entstand, durch Glauben bezwungen wird.

Die Gnade Gottes, die der Tadel zeigt, kann das Gesicht des Menschen erweitern und ihm Gelassenheit schenken (Hi. 38ff.).

LITERATURVERZEICHNIS

Lexika

AISTLEITNER, J.: Wörterbuch der ugaritischen Sprache: BAL 106, 3 (3 1967).

BROCKELMANN, K.: Lexicon Syriacum (Berlin 1895, Halle 2 1928, repr. Hildesheim 1966).

BROCKHAUS ENZYKLOPÄDIE 18 (Wiesbaden 17 1973).

FREYTAG, G. W.: Lexicon. Arabico-Latinum IV (Halle 1837).

GESENIUS, W., BUHL, F.: Hebräisches und aramäisches Handwörterbuch über das AT (Leipzig (1915) 17 1915 repr. Berlin 1962).

KOEHLER, L., BAUMGARTNER, W.: Lexikon in Veteris Testamenti Libros (Leiden 1953, 2 1958).

KOEHLER, L., BAUMGARTNER, W.: Hebräisches und aramäisches Lexikon zum AT (Leiden 1. Lief. 3 1967, 2. Lief. 3 1974).

Grammatiken

BROCKELMANN, K.: Hebräische Syntax (Neunkirchen 1956).

GESENIUS, W., KAUTZSCH, E.: Hebräische Grammatik (Leipzig (1813) 28 1909 = repr. Hildesheim 1962).

KÖNIG, E.: Historisch-kritisches Lehrgebäude der hebräischen Sprache II (Leipzig 1895).

MEYER, R.: Hebräische Grammatik III (Berlin (1915) 3 1972).

STADE, B.: Lehrbuch der hebräischen Grammatik (Leipzig 1879).

WRIGHT, W.: A Grammar of the Arabian Language II (Cambridge (1862) 3 1898 = 8 1964).

Textausgaben

SEPTUAGINTA XV. Ieremias - Baruch - Threni - Epistula Ieremiae, hrsg. v. J. Ziegler (Göttingen 1957).

VETUS TESTAMENTUM SYRIACE II, 4. Liber Regum, hrsg. v. H. Gottlieb, E. Hammershaimb (Leiden 1976).

Kommentare

BEWER, J.A.: A Critical and Exegetical Commentary on Jona: ICC (Edinburgh 1912 = 3 1951).

BRIGHT, J.: Jeremiah: The Anchor Bible (New York 1965).

BUDDE, K.: Das Buch Hiob HK II/1 (Göttingen 1896, 2 1913).

CORNILL, C.H.: Das Buch Jeremiah (Leipzig 1905).

DHORME, P.: Le livre de Job: Etudes bibliques (Paris 2 1926).

DRIVER, S.R.: A Critical and exegetical Commentary on Deuteronomy: ICC (Edinburgh 1895, 3 1902 = 6 1951).

DRIVER, S.R., GRAY, G.R.: A Critical and Exegetical Commentary on Job: ICC (Edinburgh 1921 repr. 1950).

EHRLICH, A.B.: Randglossen zur hebräischen Bibel VI Leipzig 1913 repr. Hildesheim 1968).

FOHRER, G.: Das Buch Hiob: KAT XVI (Gütersloh 1963).

FRITZ, Ch.T.: The Book of the Proverbs: Int B IV (New York/Nashville 1955).

GALLING, K.: Die Bücher der Chronik, Esra, Nehemia: ATD 12 (Göttingen 1954, 2 1958).

GEMSER, B.: Sprüche Salomos: HAT I/16 (Tübingen 1937, 2 1963).

GERLEMAN, G.: Ruth. Das Hohelied: BK XVIII (Neukirchen 1965).

GIESEBRECHT, F.: Das Buch Jeremia: HK III/2,1 (Göttingen 1894, 2 1907).

GUNKEL, H.: Genesis: HK I/1 (Göttingen 1901, 3 1910 = 8 1969).

\- Die Psalmen: HK II/2 (Göttingen 1926 repr. 1968).

HERTZBERG, H.W.: Die Samuelbücher: ATD 10 (Göttingen 1956, 5 1973).

HÖLSCHER, G.: Das Buch Hiob: HAT I 17 (Tübingen 1937, 2 1952).

HOPPER, S.R.: 'Exposition' zu Jeremia in: Int B V.

HORST, F.: Hiob 1: BK XVI/1 (Neukirchen 1968).

HYATT, J.P.: The Book of Jeremiah: Int B V (New York/Nashville 1956).

KRAUS, H.J.: Psalmen: BK XV/1.2 (Neukirchen 1960, 4 1972).

LESLIE, E.A.: Jeremiah (New York 1954).

MICHEL, O.: Der Brief an die Hebräer: Meyer, K. XIII (Göttingen 6 1966).

MONTGOMERY, J.A.: A Critical and Exegetical Commentary on the Book of Kings: ICC (Edinburgh 1951).

NOTH, M.: Könige 1: BK IX/1 (Neukirchen 1968).

- Das zweite Buch Mose. Exodus: ATD 5 (Göttingen 1959, 5 1974).

POPE, M.H.: Job: The Anchor Bible (New York 1965).

RAD, G. von: Das erste Buch Mose. Genesis: ATD 2-4 (Göttingen 1949, 9 1972).

RINGGREN, H.: Sprüche: ATD 16/1 (Göttingen 1962, 2 1967).

RUDOLPH, W.: Jeremia: HAT I 12 (Tübingen 1947, 3 1968).

- Joel-Amos-Obadja-Jona: KAT XIII/2 (Gütersloh 1971).

RYLAARSAAM, J.C.: The Book of Exodus: Int B I (New York/Nashville 1925).

SCOTT, R.B.Y.: Proverbs. Exxlesiastes: The Anchor Bible (New York 1965).

SEKINE, M.: Das Buch Hiob (Tokio 1970 - japanisch).

SKINNER, J.: Prophecy and Religion (Cambridge 1922).

SMART, J.D.: The Book of Jonah: Int B VI (New York/Nashville 1956).

SMITH, H.P.: A Critical and Exegetical Commentary on the Books of Samuel: ICC (Edinburgh 1899, 3 1912 repr. 1953).

STOEBE, H.J.: Das erste Buch Samuelis: KAT VIII/1 (Gütersloh 1973).

TERRIEN, S.: The Book of Job: Int B III (New York/Nashville 1954).

VOLZ, P.: Der Prophet Jeremia: KAT X (Leipzig 1922).

WEISER, A.: Das Buch der zwölf kleinen Propheten I (Hos-Mich): ATD 24 (Göttingen 1949, 6 1974).

- Das Buch des Propheten Jeremia: ATD 20/21 (Göttingen 1952/1955, 6 1969/5 1969).

- Das Buch Hiob: ATD 13 (Göttingen 1951, 6 1974).

WEISS, J.: Das Buch Exodus (Graz/Wien 1911).

WESTERMANN, C.: Genesis 1-11: BK I/1 (Neukirchen 1974).

- Das Buch Jesaja. Kap. 40-66: ATD 19 (Göttingen 1966, 2 1970).

WOLFF, H.W.: Dodekapropheton 1. Hosea: BK XIV/1 (Neukirchen 1961, 3 1976).

- Dodekapropheton 2. Joel und Amos: BK XIV/2 (1969, 2 1975).

- Dodekapropheton 3. Obadja und Jona: BK XIV/3 (voraussichtlich 1977).

ZIMMERLI, W.: Das Buch des Predigers Salomo: ATD 16/1 (Göttingen 1962, 2 1967).

- Ezechiel I/II: BK XIII/1.2 (Neukirchen 1969).

Monographien

BARTH, K.: Hiob (hrsg. v. H. Gollwitzer): Bibl. St. 49 (1966) = Die kirchliche Dogmatik IV/3 (Zürich 1959, 2 1974), 444-448, 459-470, 486-499.

BERRIDGE, J. M.: Prophet, People and the Word of Yahwe: Basel Studies of Theology 4 (Zürich 1970).

BOECKER, H. J.: Redeformen des Rechtslebens im Alten Testament: WMANT 14 (1964, 2 1970).

BRUNNER, H.: Altägyptische Erziehung (Wiesbaden 1957).

DRIVER, S. R.: Notes on the Hebrew Text and the Topography of the Book of Samuel (Oxford 1913).

DRIVER, G. R.: Semitic Writing (London 1948, 2 1954).

DÜRR, L.: Das Erziehungswesen im Alten Testament und im Antiken Orient: MVÄG 36,2 (Leipzig 1932).

EBELING, E.: Keilschrifttexte aus Assur religiösen Inhalts: WVDOG 28,1 (Leipzig 1915 repr. Osnabrück 1972).

EISSFELDT, O.: Einleitung in das Alte Testament (Tübingen 3 1964).

GADD, C. J.: Teachers and Students in the oldest Schools (London 1956).

GERSTENBERGER, E.: Wesen und Herkunft des "Apodiktischen Rechts": WMANT 20 (1965).

GOOD, E. M.: Irony in the Old Testament (London 1965).

GUNKEL, H.: Einleitung in die Psalmen (Göttingen 1933 = 3 1975).

HERMISSON, H. J.: Studien zur israelitischen Spruchweisheit: WMANT 28 (1968).

HEYDE, H.: Kain, der erste Jahweverehrer: Ar B I 23 (1965).

JENNI, E.: Das hebräische Pi'el (Zürich 1968).

JEREMIAS, J.: Die Reue Gottes: Bibl. St. 65 (1975).

\- Theophanie: WMANT 10 (1965).

\- Kultprophetie und Gerichtsverkündigung in der späten Königszeit Israels: WMANT 35 (1970).

KAISER, O.: Einleitung in das Alte Testament (Gütersloh 1969, 3 1975).

KAYATZ, Chr.: Studien zu Proverbien 1-9: WMANT 22 (1966).

BAUER-KAYATZ, Chr.: Einführung in die alttestamentliche Weisheit: Bibl. St. 55 (1969).

KOCH, K.: Was ist Formgeschichte? (Neukirchen 1964, 3 1974).

LANDE, I.: Formelhafte Wendungen in der Umgangssprache im Alten Testament (Leiden 1949).

LESLAU, W.: Hebrew Cognates in Amharic (Wiesbaden 1969).

MOWINCKEL, S.: Die Erkenntnis Gottes bei den alttestamentlichen Propheten (Oslo 1941).

PURY, R. de: Hiob. Der Mensch im Aufruhr: Bibl. St. 15 (1957, 2 1962).

RAD, G. von: Theologie des Alten Testaments I/II (München 6 1969/6 1975).

- Weisheit in Israel (Neukirchen 1970).

REVENTLOW, H. G.: Liturgie und prophetisches Ich bei Jeremia (Gütersloh 1963).

RICHTER, H.: Studien zu Hiob (Berlin 1959).

SCHMIDT, J.: Studien zur Stilistik der alttestamentlichen Spruchliteratur: Alttestamentliche Abhandlung 13, 1 (Münster 1936).

THIEL, W.: Die deuteronomistische Redaktion des Buches Jeremia. I/II. Diss. Berlin 1970.

- Die deuteronomistische Redation von Jeremia 1-25: WMANT 41 (1973) = Teil I der Diss.

VOELTZEL, R.: Das Lachen des Herrn. Über die Ironie in der Bibel: Theologische Forschung 17 (Hamburg 1961).

WANKE, G.: Untersuchung zur sogenannten Baruchschrift: Bh. ZAW 122 (1971).

WEINFELD, M.: Deuteronomy and the Deuteronomic School (Oxford 1972).

WESTERMANN, C.: Jeremia (Stuttgart 1967, 2 1972).

- Der Aufbau des Buches Hiob (Tübingen 1956).

WHYBRAY, R. N.: The Succession Narrative: SBT Ser. 2, 9 (1968).

WICHMANN, W.: Die Leidenstheologie (1930). Stuttgart

WOLFF, H. W.: Amos' geistige Heimat: WMANT 18 (1964).

- Studien zum Jonabuch: Bibl. St. 47 (1965, 2 1975).

- Anthropologie des Alten Testamentes (München 1973, 2 1974).

Artikel

BERTRAM, G.: ἐλέγχω Vgl. BÜCHSEL

BÜCHSEL, F./BERTRAM, G.: ἐλέγχω : ThWNT II (1935), 470-474/ 470 Z.32-471 Z.15.

BERTRAM, G.: παιδεύω : ThWNT V (1954), 596-624.

CAQUOT, A.: גער : ThWAT II Lief. 1 (1974), 51-56.

JENNI, E.: גָּדוֹל gādōl groß: THAT I (1971), 402-410.

LIEDKE, G.: גער gʿr schelten : desgl. 429-443.

- יכח jkḥ hi. feststellen, was recht ist: desgl. 730-732.

MOSIS, R.: גָּדוֹל : TWAT I (1973), 927-956.

SOEBØ, M.: יסר : THAT I (1971), 738-742.

STAUFFER, E.: ἐπιτιμάω : ThWNT II (1935), 620-623.

WAGNER, S.: בִּקֵּשׁ : ThWAT I (1973), 754-769.

WOLFF, H.W.: Jonabuch: RGG III (3 1959), 853-855.

Aufsätze

BAUMGARTNER, W.: Die Klagegedichte des Jeremia: Bh. ZAW 32 (1917).

BEGRICH, J.: Das priesterliche Heilsorakel: ZAW 52 (1934), 81-92 = Gesammelte Studien zum Alten Testament: ThB 21 (München 1964), 219-231.

BLANK, S.H.: The Confessions of Jeremiah and the Meaning of Prayer: HUCA 21 (1948), 331-354.

- "Doest Thou Well Be Angry?" A Study in Self-Pity: HUCA 26 (1955), 29-41.

- Men against God. The Promethian Element in Biblical Prayer: JBL 72 (1935), 1-13.

DELEKAT, L.: Tendenz und Theologie der David-Salomo-Erzählung, in: Das ferne und das nahe Wort (Festschr. L. Rost), Bh. ZAW 105 (1967), 26-36.

EBELING, E.: Aus den Keilschrifttexten aus Assur religiösen Inhalts: MDOG 58 (Berlin 1917).

GEMSER, B.: The RIB - or Controversy-Pattern in Hebrew Mentality, in: Wisdom in Israel and in the Ancient Near East (Festschr. H.H. Rowley): Suppl. VT 3 (Leiden 1955), 120-137.

GERSTENBERGER, E.: Jeremiah's Complaints: JBL 82 (1963), 393-408.

GUNNEWEG, G.: Konfession oder Interpretation im Jeremiabuch: ZThK 67 (1970), S. 395-416.

Hempel, J.: Pathos und Humor in der israelitischen Erziehung, in: Von Ugarit nach Qumran (Festschr. O. Eißfeldt): Bh. ZAW 77 (1958, 2 1961), 63-81.

HERMISSON, H. J.: Weisheit und Geschichte, in: Probleme biblischer Theologie. Festschr. G. von Rad (München 1971), 136-154.

JEPSEN, A.: Warum? Eine lexikalische und theologische Studie, in: Das ferne und das nahe Wort (Festschr. L. Rost): Bh. ZAW 105 (1967), 106-113.

KRAUS, H. J.: Geschichte als Erziehung, in: Probleme biblischer Theologie. Festschr. G. von Rad (1971), 258-274.

KUYPER, J.: The Repentance of Job: VT 9 (1959), 91-94.

LAUHA, A.: Die Krise des religiösen Glaubens bei Kohelet, in: Wisdom in Israel and in the Ancient Near East. (Festschr. H. H. Rowley): Suppl. VT 3 (Leiden 1955), 183-191.

LINDBLOM, J.: Wisdom in the Old Testament Prophets, desgl. 192-204.

MACINTOSH, A. A.: A Consideration of Hebrew g'r: VT 19 (1969), 471-479.

MACKENZIE, R. A. R.: The Purpose of the Yahwe Speeches in the Book of Job: Bibl. 40 (1959), 435-445.

Rad, G. von: Hiob XXXVIII und die altägyptische Weisheit: Suppl. VT 3 (1955), 262-271 = Gesammelte Studien zum Alten Testament I (ThB 8 (München 1958, 4 1971).

RUPRECHT, E.: Das Nilpferd im Hiobbuch: VT 2 (1971), 207-231.

SEKINE, M.: Théodicée dans l'Ancien Testament: Or. 1 (1960), 23-34 = Theodizee im Alten Testament (Tokio 1961 - japanisch).

WEISER, A.: Das Gotteswort für Baruch Jer. 45 und die sogenannte Baruchbiographie, in: Theologie als Glaubenswagnis. Festschr. K. Heim (Hamburg 1954), 35-46 = Glaube und Geschichte im AT (Göttingen 1961), 321-329.

WESTERMANN, C.: Weisheit im Sprichwort, in: Schalom (Festschr. A. Jepsen): ArTh I, 46 (1971), 73-85 = Forschung am Alten Testament: ThB 55 (München 1974), 149-161.

WOLFF, H. W.: Das Thema "Umkehr" in der alttestamentlichen Prophetie: ZThK 48 (1951), 129-148 = Gesammelte Studien zum Alten Testament: ThB 22 (1964, 2 1973), 130-150.

ZIMMERLI, W.: Zur Struktur der alttestamentlichen Weisheit: ZAW 51 (1933), 177-204.

Abkürzungsverzeichnis

Ar B	= Arbeiten zur Theologie, Stuttgart
BHS	= Biblia Hebraica Stuttgartensia ed. K. Ellinger - W. Rudolph (Stuttgart 1968 ff.)
Bh. ZAW	= Beihefte zur ZAW, Berlin
Bibl. St.	= Biblische Studien, Neukirchen
H. J. Boecker	= H. J. Boecker, Redeformen des Rechtslebens im Alten Testament : WMANT 14 (1964, 2 1970)
Brockelmann	= K. Brockelmann, Lexicon Syriacum (Berlin 1895, Halle 2 1928 repr. Hildesheim 1966)
CTA	= A. Herdner, Corpus des tablettles en cunéiformes alphabétiques décourvertes à Ras-Shamra-Ugarit de 1929 - 1939 (Paris 1963)
D	= deuteronomistische Redaktion im Jeremiabuch (nach W. Thiel)
Freytag	= G. W. Freitag, Lexion Arabico-Latinaum I-IV (Halle 1830-37)
GK	= W. Gesenius - E. Kautzsch, Hebräische Grammatik (Leipzig (1813) 28 1909 = repr. Hildesheim)
JB	= Die Bibel. Deutsche Ausgabe mit den Erläuterungen der Jerusalemer Bibel, hrsg. v. D. Arenhoevel - A. Deissler - A. Vögtle (Freiburg 1968)
KBL	= L. Koehler - W. Baumgartner, Lexicon in Veteris Testamenti Libros (Leiden, 1953, 2 1958)
KBL 3	= L. Koehler - W. Baumgartner, Hebräisches und aramäisches Lexikon zum Alten Testament (Leiden 1. Lief. 3 1967; 2. Lief. 3 1974).
I. Lande	= I. Lande, Formelhafte Wendungen der Umgangssprache im Alten Testament (Leiden 1949)
LXX	= Septuaginta I/II ed. R. Rahlfs (Stuttgart 7 1962)
G. von Rad, Theol. AT I/II	= G. von Rad, Theologie des Alten Testamentes I/II (München 1969/1975)
G. von Rad, Weisheit	= G. von Rad, Weisheit in Israel (Neukirchen 1970)
SBT	= Studies in Biblical Theology, 2. Ser., London
THAT	= Theologiesches Handwörterbuch zum AT I/II, hrsg. v. E. Jenni - C. Westermann (München 1971/1976)

ThWAT	= Theologisches Wörterbuch zum Alten Testament hrsg. v. G. J. Botterweck - H. Ringgren (Stuttgart I, 1970ff.)
ThWNT	= Theologisches Wörterbuch zum Neuen Testament hrsg. v. G. Kittel u. a. (Stuttgart I, 1933 ff.)
WMANT	= Wissenschaftliche Monographien zum Alten und Neuen Testament, Neukirchen
H. W. Wolff, Anthropologie	= H. W. Wolff, Anthropologie des Alten Testamentes (München 1973, 2 1974)

Sonstige bibliographische Abkürzungen nach RGG (Religion in Geschichte und Gegenwart) VI (1962) IXX - XXXIII.

Kommentare werden in der Regel nur mit dem Verfassernamen und der Seitenzahl zitiert oder mit Verfassernamen, biblischem Buch und Seitenzahl (falls der Autor mehr als einen Kommentar verfaßt hat).

Werden in einem Band mehrere biblische Bücher kommentiert, wird der Verfasser mit der Seitenzahl und Bandnummer der betreffenden Kommentarreihe zitiert.